KIKI MÜLLER

# Die Milf macht's!

Zwischen Elternabend & Online-Sex – wie ich als Mutter meine sexuelle Erfüllung finde

echt EMF

Alle in diesem Buch veröffentlichten Aussagen und Ratschläge wurden von der Autorin und vom Verlag sorgfältig erwogen und geprüft. Eine Garantie kann jedoch nicht übernommen werden, ebenso ist die Haftung der Autorin bzw. des Verlags und seiner Beauftragten für Personen-, Sach- und Vermögensschäden ausgeschlossen.

Die Ereignisse in diesem Buch sind größtenteils so geschehen, wie hier wiedergegeben. Für den dramatischen Effekt und aus Gründen des Personenschutzes sind jedoch einige Namen und Ereignisse so verfremdet worden, dass die darin handelnden Personen nicht erkennbar sind.

MIX
Papier | Fördert gute Waldnutzung
FSC® C145070
www.fsc.org

echtEMF ist eine Marke der Edition Michael Fischer

1. Auflage
Originalausgabe

Covergestaltung: Sonja Bauernfeind, unter Verwendung eines Motivs von © pdesign über shutterstock.com
Illustrationen im Innenteil: © Natali Li über shutterstock.com
Redaktion: Doreen Fröhlich
Layout: Sonja Bauernfeind
Satz: Sonja Bauernfeind, Michaela Zander
Gedruckt bei GGP Media GmbH, Karl-Marx-Str. 24, 07381 Pößneck

ISBN 978-3-7459-1574-7
www.emf-verlag.de

# Inhalt

# Vorwort

Dies ist meine persönliche Geschichte. Meine Geschichte zwischen elterlicher Fürsorge und erotischen Fantasien, zwischen Schlafliedern und Schwanzbewertung, zwischen Mutterrolle und Hotwife. Nichts davon war geplant. Alles hat sich nach und nach ergeben, ohne dass ich mich auf dieses Leben in irgendeiner Weise beworben oder mich darum bemüht hätte. Es kam in kleinen Schritten. Als ich angefangen habe, meine Geschichte aufzuschreiben, hatte ich nicht ahnen können, wie sehr es mir helfen würde, mich selbst zu erkennen und zu reflektieren. Mein Leben online hat auch mein Real Life verändert. Wie sehr, das wird mir erst in der Rückschau klar. Ich danke den Menschen, die ich online kennenlernen durfte und die mir geholfen haben, meinen Horizont zu erweitern. Diese anonyme Nähe hat mich unfassbar weitergebracht. Durch das Aufschreiben, das Aussprechen, das Ausformulieren habe ich noch ein Stück weiter gelernt, zu mir selbst und zu meinen Bedürfnissen und Vorlieben zu stehen. Es berührt mich, wie ich heute Menschen inspiriere. Manche sagen, ich sei eine Sexfluencerin. Das verwirrt mich. Denn eigentlich mach ich einfach immer genau das, was mir Spaß macht. Im Schutz meiner Anonymität kann ich mir das rausnehmen und meine Bedürfnisse ausleben. Dass all meine Geschichten und Erlebnisse nun erzählt und auch gelesen werden können, macht sie noch realer. An dieser Stelle ein wichtiger Hinweis: Auf den Bezahlplattformen folgen mir in der Regel Männer. Nur selten folgt mir ein Paar oder jemand, der sich mir gegenüber als nicht männlich zu erkennen gibt. Deshalb liegt auf männlichen Followern und dem Kontakt zu ihnen auch ein gewisser Fokus. Das Wort „Follower" verwende ich, wie es die englische Herkunft nahelegt, geschlechtsneutral.

# Die Wahrheit

„Sexwork? Also bist du eine Nutte?!“ Meine Freundin Sina war schon etwas erschrocken, als ich ihr erzählte, womit ich seit Kurzem mein Geld verdiene.

„Nutte sagt man eigentlich nicht. Prostituierte vielleicht – oder Hure“, entgegnete ich, etwas beleidigt über ihre geschockte Reaktion. „Aber nein. Ich bin keine Hure. Ich biete keine Treffen an. Ich hab Sex nicht gegen Bezahlung.“ Noch nicht jedenfalls. Aber das verschwieg ich ihr in diesem Moment. „Das läuft alles nur online. Ich erfülle Fantasien, und Menschen bezahlen mich dafür. Online-Sexwork“, erklärte ich.

Meine Freundin war sich nicht sicher, ob ich mir einen Spaß erlaubte. Sie saß eine Weile da, beobachtete unsere Kinder, die gerade in der Nähe im Sand zusammen spielten, und fragte mich dann leicht verwirrt: „Was machst du da genau? Was sind das für Männer? Brauchst du so dringend Geld?“

Ehrlich gesagt freute ich mich über ihr Interesse. Mit ein paar Vorurteilen hatte ich gerechnet. Logisch. Die hatte ich auch gehabt. Jetzt war endlich die Gelegenheit gekommen, meiner Freundin erzählen zu können. Endlich konnte ich mich mit jemandem, der so gar nicht im Thema war, offen austauschen und berichten, wie stolz ich darauf war, was ich bislang alles erreicht und wie ich mich entwickelt hatte. Die lustigen, verrückten, spannenden Erkenntnisse mit einem Menschen teilen, der mir am Herzen lag. Meine sexuelle Befreiung – meine sexuelle Revolution. Denn wirklich: Mein Doppelleben zu verschweigen, ist mir in den letzten Jahren sehr schwergefallen. Doch das, was ich da online mache, darf im so genannten Real Life keiner wissen. Nicht mal mein Mann kennt die Details so richtig. Nur jetzt Sina. Dabei liebe ich diesen Job, und ich glaube ehrlich gesagt, dass ich ziemlich gut darin bin. Ich bin stolz darauf, eine Online-Sexworkerin zu sein. Ich verdiene mein Geld mit Fantasien und lasse Menschen (meistens Männer) an meiner persönlichen sexuellen Entwicklung teilhaben, lasse sie durch ein Schlüsselloch gucken. Die Arbeit auf Bezahlplattformen wie OnlyFans und auch meine sonstigen Erfahrungen der letzten Jahre haben mich verändert und mir dabei geholfen, mich weiterzuentwickeln. Ich habe eine andere – eine neue – Beziehung zu mir selbst, selbstbestimmt, positiv, lustvoll. Jetzt kann ich endlich auspacken, die ganze Geschichte erzählen: Wie ich von einer braven und angepassten Vorstadtmuddi zwischen Kindergarten, Familie und Halbtagsjob zu einer immer noch angepassten Vorstadtmuddi mit Hang zum erotischen Abenteuer geworden bin – und ganz nebenbei ein geheimes und florierendes Sexbusiness aufgebaut habe.

# Mein Leben als Vorstadtmuddi

Ich war Mitte 30, hatte einen wunderbaren Ehemann, einen Job in einer Agentur, der mir zumindest so viel Spaß machte, dass ich gerne hinging, und zwei Kinder im Kindergartenalter. Eine ganz normale Familie in der Vorstadt – na ja, eher in einem Dorf. In grenzenloser Idylle, mit Traktoren, Feuerwehrfesten, Sportvereinen, vielen Tieren und Kindern, die auf der Straße spielen. Ohne echte Sorgen, in netter Nachbarschaft und mit tollen Freunden und vielen Verwandten, auf die wir jederzeit zählen konnten. Mein Mann Tim und ich fühlten uns angekommen. Im Job und auch zu Hause. So, wie es war, würde und könnte es weitergehen. Das fühlte sich gut an und machte uns glücklich, aber es war auch ein bisschen eintönig. Das Highlight unseres ehelichen Sexlebens war es, wenn ich mittwochs, nachdem die Putzhilfe das Haus sauber gemacht und gewischt hatte, früher von der Arbeit nach Hause kam. Ich liebe den Orangenduft des Reinigungsmittels, der dann sanft im Flur hängt, und überhaupt das Gefühl eines total sauberen Hauses, das man mit Kindern ja wirklich selten hat. Manchmal hab ich Tim in der Kanzlei angerufen, damit er zur Mittagspause nach Hause kam. Nach einem kurzen Snack fickte er mich dann von hinten, während er mich sanft auf unseren alten Eichentisch drückte. Ich liebte diesen Tisch, wenn er gerade nicht von Limo und Bröseln klebte. Ich liebte es, in unserem Wohnzimmer Sex zu haben wie Menschen, die keine Kinder hatten: Mit Ausblick durch die große Fensterfront auf den Garten und runter ins Dorf mit den Bergen im Hintergrund. Ich kam mir dabei verdorben vor und mochte den Gedanken daran, dass jederzeit jemand am Gartenzaun vorbeispazieren und uns beobachten konnte. Das war schön, aufregend. Aber es war auch selten. Der meiste Teil unseres Sexlebens fand abends quasi im Halbschlaf statt; zwischen Bügelwäsche und Quietscheentchen.

Wie viele andere Paare in unserem Alter und in unserer Umgebung hatten Tim und ich plötzlich und in all dieser wohligen Zu–Hause-angekommen-Stimmung zunehmend das Bedürfnis, es noch einmal wissen zu wollen: etwas zu erleben. Manche Paare machen dann Wohnmobiltouren oder suchen sich neue gemeinsame Hobbys. Nun, so etwas wie ein Hobby war es damals bei uns auch: Sex.

Tim hatte es schon immer geliebt, sich vorzustellen, wie ich mit jemand anderem Sex hätte. Wir hatten mit Anfang 20 geheiratet und immer gerne miteinander geschlafen. Es war nicht so, dass uns etwas fehlte. Wir schauten gerne Pornos, und Tim erzählte mir mit rauer Stimme davon, wie es wohl wäre, wenn ein anderer Mann mich ficken würde, während er zusähe. Der Gedanke turnte ihn an, und mir gefiel, wie ihm das gefiel. Wenn wir Sex hatten, sollte ich ihm von dieser Fantasie erzählen. Er lehnte sich dann gern zurück, schloss seine Augen und genoss, wie ich mit meiner Hand seinen Schwanz wichste und ihm beschrieb, wie ein anderer Mann mich begehrte. Sich vor Augen zu führen, wie auch andere mich wollten, machte ihn an. Bis ins kleinste Detail führte ich aus, wie dieser andere Kerl aussehen würde und wie er mich von hinten fest nehmen würde. Ich erzählte Tim davon, wie ich ihm, der nebendran nackt auf einem Sessel säße, dabei in die Augen schauen würde. Ein anderes Mal beschrieb ich, wie ich mit einem Mann in den Wald fahren würde und er zu Hause bliebe in dem Wissen, was ich tun würde, ohne dass er dabei wäre. Ich beschrieb, wie dieser Kerl mich gegen einen Baum gelehnt lecken würde und wie er mir im Wald den Mund zuhalten müsste, damit die Spaziergänger in der Nähe uns nicht bemerken würden. Tim liebte es, diese Geschichten zu hören, und ich liebte es zu sehen und zu spüren, wie sehr es ihn anturnte. Die Geschichten waren damals so unfassbar abstrakt für uns. Ich habe sie einfach zu seinem und zu meinem Vergnügen erzählt. Niemals hätte ich geglaubt, dass etwas davon auch nur im Ansatz wahr werden würde. Und noch weniger hätte ich geglaubt, dass mir das alles eines Tages tatsächlich so viel Spaß machen würde, dass ich es nicht mehr länger nur für ihn oder für uns, sondern auch für mich selbst wollen würde. Weil ich es liebe, begehrt und gewollt zu werden, weil es mir Spaß macht, mich auf unterschiedliche Menschen einzustellen, und weil ich meine Freiheit genieße. Das wiederum wirkte sich auf unsere gemeinsame Erfahrung aus: Niemals hatte ich erwartet, dass wir Dinge tun würden, von denen ich damals noch nicht mal wusste, dass sie existieren.

Dass wir diese Fantasien von mir, die Sex mit anderen Männern hat und ihm davon erzählt, hatten und teilten, ging ein paar Jahre so. Gerade als die Kinder sehr klein waren, kam uns das beiden gelegen. Nach gefühlten Jahren voller Breiflecken, überlaufenden Windeln, schmerzenden Stillbrüsten und Schlafliedern in Dauerschleife waren wir beide froh, dass wir voneinander beim Sex am Abend keine Höchstleistungen mehr erwarteten. Diese Art Sex zu haben: Gechilltes Masturbieren mit ein bisschen erzählen, war mega entspannt und gleichzeitig sehr erfüllend für uns beide.

Und dennoch war es wie bei vielen Paaren, wenn die aufregende und kribbelnde Leidenschaft des Anfangs einem Gefühl der gemütlichen Gewohnheit weicht: War das wirklich schon alles? Schon bald jedoch sollte ein anderer Mann dafür sorgen, dass ich und wir aus dem sexuellen Dornröschenschlaf aufwachten. Auch wenn das Ende dieser Liaison – wie ich gleich erzähle – traumatisch sein sollte; ihr Anfang war voller Leichtigkeit und sollte die Beziehung zu meinem Mann bereichern und vielleicht für immer verändern.

# kribbelige Grenzüberschreitungen

Tim und ich hatten schon damals – das ist nun acht Jahre her – immer mal wieder darüber gesprochen, dass wir gerne unseren sexuellen Horizont erweitern würden. Und dann hat sich plötzlich eine Gelegenheit ergeben. Und zwar so: Ich habe schon immer gern geflirtet. Unverbindlich und ohne dass dabei was rausgekommen wäre. Ich mag einfach diese nette Art zu kommunizieren – mich begehrt fühlen und auch anderen ein gutes Gefühl geben. Schon bald sollte das Flirten aber seine Unschuld verlieren – und ich erschreckend schnell die Kontrolle.

Da war dieser Kunde in der Agentur, ein renommierter und in unserer Gegend bekannter Arzt. Wir hatten uns auf einer Veranstaltung kennengelernt und uns gut unterhalten. Ein angenehmer, charmanter und erfolgreicher Mann, ziemlich charismatisch – ich fühlte mich geschmeichelt, dass er meine Nähe zu suchen schien. Ich freute mich über das gute Gespräch und war mir sicher, dass wir perfekt zusammenarbeiten würden. Und gleichzeitig ertappte ich mich dabei, wie ich mir vorstellte, wie es wohl wäre, mit ihm rumzumachen. Er gefiel mir: seine selbstsichere Aura, sein Parfum, die Art, wie er mich ansah. Wie man eben manchmal so über jemanden nachdenkt, eher abstrakt, eine kleine Fantasie im Alltag. Am Abend schrieb er mir privat, dass er unser Gespräch toll fand und dass ich – falls ich mal einen neuen Job suchen würde – mich jederzeit bei ihm melden sollte. Oh wow! Ich freute mich, denn ich war in meinem alten Job tatsächlich nicht mehr wirklich happy. Und dann kam wenige Sekunden später noch eine zweite Nachricht hinterher: Ob auch ich die sexuelle Spannung zwischen uns gespürt hätte oder ob nur er so empfunden habe – dann würde er das Thema nicht mehr ansprechen. Mir rutschte fast das Herz in die Hose. Ich flirtete ja wirklich gern und war immer schon ein Freund offener Kommunikation. Aber das war doch wirklich sehr offen … Ich war perplex. Ich hatte kurz gedacht, diese Spannung hatte nur ich wahrgenommen. Nach einigen Momenten des Nachdenkens sprach ich ihn direkt darauf an, dass ich nicht flirten und mich gleichzeitig ernsthaft auf einen neuen Job bewerben könne, nicht mit derselben Person. Und dass ich keine Affäre wollte. Er stimmte zu. Das wollte er natürlich auch nicht. Ihm gefalle nur die Fantasie. Und mir gefiel das ja absolut auch! Nach ein paar Nachrichten besprach ich mich mit Tim. Irgendwie kam uns das wie eine schöne Gelegenheit vor, uns für Flirts mit anderen zu öffnen. Wie viel Flirten war okay? Und wo sollte ich die Grenze ziehen? Wir diskutierten eine Weile und einigten uns darauf, dass Tim mitlesen konnte, was ich mit dem Arzt schrieb. Also antwortete ich ihm wieder. Der Arzt schien ein Experte darin zu sein, einander mit Worten und Kopfkino anzuheizen, denn er ging im Laufe unserer Kommunikation forsch voran, und ich genoss es, an die Hand genommen und in diese aufregende Welt neuer Möglichkeiten geführt zu werden. Nach ein paar Tagen wurden unsere Nachrichten immer expliziter. Er schrieb mir, wie er sich vorstellte, wie ich in sein Büro käme und er langsam meinen Rock nach oben schieben würde. Wie er meine Strumpfhose nach unten ziehen und mein Höschen zur Seite schieben würde, um mit dem Finger in mich einzudringen. Unser Austausch hatte sich über Tage so intensiv gesteigert, dass ich mich auf jede neue Nachricht freute. Abends lagen Tim und ich gemeinsam im Bett. Ich chattete mit dem Arzt, und Tim genoss es, mir dabei über die Schulter zu schauen. Es hat uns wunderbar unschuldigen Spaß gemacht. Wie ein aufregender Cuckolding- oder ein Wifesharing-Porno, den man gemeinsam anschaut.

## HOT FACT

**Cuckolding ist eine Sexpraktik, bei der der häufig devote Mann zusieht, wie seine Partnerin Sex mit einem Liebhaber hat. Beim Wifesharing teilt der Mann in einer eher dominanten Rolle seine Frau mit einem Liebhaber. Die beiden Begriffe werden von vielen Menschen synonym verwendet und zählen im Pornokontext zu den am häufigsten gegoogelten – eine ziemlich verbreitete Fantasie also!**

Ich schrieb also mit diesem anderen Mann, und wir heizten uns gegenseitig ein. Und Tim lag dabei, spornte mich weiter an und genoss es zu sehen, wie viel Spaß mir das machte und wie sehr es mich anturnte. Ich genoss es, im gleichen Moment von zwei Männern auf so unterschiedlichen Ebenen begehrt zu werden. Irgendwann legte ich das Handy weg, und Tim und ich schliefen miteinander. Voller Leidenschaft. Dieser andere Mann und die sexy Chats mit ihm – verbunden mit der großen Offenheit mit Tim – waren die perfekte Mischung. Wir hatten da allerdings auch noch das Gefühl, alles unter Kontrolle zu haben.

Denn irgendwann fragte der Arzt, ob wir uns treffen könnten. Es war ein überraschender Switch von sexy Flirterei hin zu Businessmodus. Ich stellte gleich klar, dass ich keinen Sex haben wollen würde. Er lachte und sagte, dass er das doch wisse und dass es natürlich um den Job ginge. Er hätte nun etwas Konkretes für mich in Aussicht. Ich erschrak darüber, wie gut dieser Mann die beiden Welten voneinander trennen konnte. Wenn wir uns treffen würden, würde nichts passieren – da war ich mir sicher. Also sagte ich zu.

Am nächsten Tag verabredeten wir uns auf einem Pendlerparkplatz. Im Nachhinein ist das wirklich schräg – absolut. Aber damals kam mir das gar nicht so seltsam vor. Wir kamen aus unterschiedlichen Richtungen, trafen uns dort und wollten danach gemeinsam in sein Büro fahren. So weit die Theorie. Doch dazu kam es gar nicht. Im Nachhinein war logisch, dass dieser Plan nur ein Vorwand war, aber damals, mit meinem unbändigen Vertrauen in die Menschheit, glaubte ich ihm. Nachdem ich eingestiegen war, fuhren wir eine Weile mitten durch die Pampa. Wir wohnen sehr ländlich in einem Gebiet mit vielen Wäldern und kleinen Straßen. Die Straßen wurden immer schmaler und schmaler, und bald hatte ich keine Ahnung mehr, wo wir waren. Als ich nachhakte, fragte er entsetzt, ob ich ihm wohl nicht vertraue. „Doch, natürlich“, sagte ich. Und dann sagte er: „Allein dass du hier neben mir sitzt, macht mich so sehr an. Im Büro gleich reden wir über die Arbeit. Aber hier im Auto wollen wir unsere Fantasie genießen. Ich muss mich so beherrschen, dich nicht zu berühren.“ Ich fühlte eine Mischung aus Scham und Aufregung und wies ihn auf unsere Abmachung hin. „Ich werde dich nicht anfassen! Das ist ja so vereinbart!“, entgegnete er. Und sprach weiter darüber, welche unserer gemeinsamen Fantasie der letzten Tage ihn besonders angemacht habe. Und dann bat er mich zu fühlen wie hart sein Schwanz nur durch meine Anwesenheit geworden sei. Ich zögerte, sah die dicke Beule und war sehr geschmeichelt. Das passierte nur meinetwegen? Es mag sich naiv anhören im Nachhinein, aber dass jemand nur durch meine Anwesenheit einen Steifen bekam, hat mich nicht kaltgelassen. Ich fühlte den Schwanz kurz durch die Hose. Spürte, dass das an der Grenze dessen war, was mit Tim abgesprochen war und womit ich mich wohlfühlte, und hielt mich zurück, auch wenn mich die Situation erregte. War es der Reiz des Verbotenen? Ich konnte es nicht sagen. Nach ein paar Minuten wollte er mir seinen Schwanz zeigen und sagte, ich würde ihn quälen, weil ich ihn so geil machte und mich dann nicht erbarmen würde, ihm Erleichterung zu verschaffen. Er genoss dieses Spiel. Und mir gefiel, wie sehr er sich offenbar zurückhalten musste. Dass ich so eine

Wirkung auf ihn hatte, schmeichelte mir, zusätzlich hatte ich ein schlechtes Gewissen und wollte nicht, dass er sich meinetwegen schlecht fühlte. Und ich wollte nicht, dass diese Flirterei aufhörte. Kurz dachte ich daran, „Stopp" zu rufen. Ich wusste, dass das zu viel war. Aber ich genoss dieses lang vermisste Gefühl, von einem fremden Mann begehrt zu werden. Ich wollte, dass er mich weiter so ansah: voller Leidenschaft und sich mit aller Kraft zurückhaltend. Ich hätte aussteigen sollen, dieses Gefühl hätte mir nicht so wichtig sein dürfen. Doch ich entschied mich zu bleiben. Er hat mich nicht gezwungen, er hat mich da einfach reingelabert. Irgendwo mitten im Nirgendwo. Alles, was ich tat, tat ich aus freien Stücken – aus einer Mischung aus schlechtem Gewissen und Geschmeicheltsein. Er hatte immer so weit gepusht, wie ich gerade noch freiwillig mitmachte. Dann ging er einen Schritt zurück. Er bedrängte mich nicht, sondern gab mir das Gefühl, ich hätte das alles so gewollt. Und auf irgendeine schräge Weise in meiner Fantasie war das auch so. In unserer Fantasie hatten wir das alles schon durchgespielt. Es war fast vertraut. Aber halt nicht in echt. Kurze Zeit später hielt er das Auto, irgendwann hatte ich seinen Schwanz in meinem Mund. Und noch ein paar Minuten später war sein Sperma auf meinem Kleid. Danach gab er mir ein Tuch, um mich sauberzumachen, und wir fuhren weiter, als wäre nichts gewesen. Er steuerte sein Büro an, aber ich wollte nur noch nach Hause. Ich tat so, als hätte ich eine Nachricht vom Babysitter bekommen, er fuhr mich zurück zu meinem Auto. Ich musste duschen und meine Sachen waschen. Ich fühlte mich schmutzig, auch wenn er insistiert hatte, dass das nur eine leicht erweiterte Fantasie gewesen sei. Nicht der Rede wert. Wir hatten uns ja nicht mal richtig berührt, höchstens ein paar Sekunden. Kaum so lange, wie man sich vielleicht mal die Hand schüttelt. Ich dürfe das auf keinen Fall jemandem erzählen. Seine Frau sei extrem eifersüchtig und erlaube nicht mal Pornos. Die würde ihn garantiert verlassen, obwohl das ja nur eine Lappalie gewesen sei. Eine Lappalie … Ich war von den Geschehnissen des Nachmittags unfassbar überfordert. Ein paar Stunden habe ich tatsächlich versucht, es für mich zu behalten. Vielleicht war es ja wirklich nicht so wild gewesen. Doch dann erzählte ich Tim Stück für Stück, was geschehen war. Es dauerte eine Weile, bis ich mit der ganzen Wahrheit rausrückte. Ich wusste nicht so recht, wie ich alles einordnen konnte. In Gedanken hatte ich es ja gewollt. In echt zwar nicht, aber so richtig Nein gesagt hatte ich auch nicht. Es war mir nicht gelungen, meine eigenen Bedürfnisse in den Vordergrund zu stellen und auf mich aufzupassen. Eine Lappalie war es jedenfalls nicht, mehr oder weniger zum Oralsex gedrängt zu werden. Ich wusste nur eins: Ich wollte diesen Mann nie wiedersehen.

Das Learning aus diesem Erlebnis war riesig. Mir wurde klar, wie schnell ich mich habe mitreißen lassen und wie viel ich bereit gewesen war zu opfern, nur für das Gefühl, begehrt zu werden. Wie leicht ich mich beeinflussen ließ und wie sehr ich gefallen wollte, ohne Rücksicht auf Verluste. Das hat dieses Erlebnis so traumatisch für mich gemacht. Die Erkenntnis half mir aber auch, mich zu entwickeln und in Bezug auf Sex und Begehren langfristiger zu denken. Und dennoch warf diese Schwäche von mir – dass ich meine Grenzen leicht für das Wohl eines anderen ignoriere – einen dunklen Schatten über meine Beziehung zu Tim. Tim hatte ein Stück weit das Vertrauen in mich und in meine Treue zu ihm verloren. Dass der Arzt und ich einander berühren würden, war so mit Tim ja nicht abgesprochen gewesen. Was käme als Nächstes? Diese Frage stand lange zwischen uns. Auf der einen Seite hat es einen Keil zwischen uns getrieben, weil ich nicht in der Lage gewesen war, die von uns gemeinsam aufgestellten Regeln einer monogamen Beziehung aufrechtzuerhalten, und auch weil ich nicht von Anfang an die ganze Wahrheit gesagt hatte. Auf der anderen Seite hatten wir aber auch bis auf diesen Totalausfall eine schöne Zeit gehabt und unsere Leidenschaft ganz neu entdeckt. In den kommenden Jahren liebte es Tim, wenn ich ihm die Geschichte aus dem Auto beim Sex erzählte. Klingt etwas seltsam, oder? Aber meine innere Zerrissenheit, wie mich die Situation offenbar angeturnt hatte, die Grenzüberschreitung und nicht zuletzt auch, wie sehr dieser andere Mann mich begehrt hat, haben Tim sehr gefallen.

Sina nickte. „In Ansätzen hast du das damals ja erzählt. Ich weiß noch, wie aufgelöst du danach warst." Ja, damals ging es mir wirklich schlecht. Ich hatte mich so machtlos gefühlt, schuldig und gleichzeitig wie ein Opfer.

„Jetzt bin ich aber gespannt", hakte Sina in diesem Moment ein, „wie wir von damals, von diesem Cut und nach dem Drama, das du ja auch dadurch mit Tim hattest, zu deinem heutigen Ich gelangen." Sie setzte sich bequemer hin und lauschte gespannt.

Es dauerte eine ganze Weile, bis ich dieses Erlebnis mit dem Arzt wirklich hinter mir lassen und etwas Leichtigkeit zurückerlangen konnte. Ich habe diesem Mann in einem Telefonat später noch mal erläutert, was das für mich bedeutet hatte. Er war überrascht und erschrocken. Es habe ihn angemacht, dass ich mich so geziert habe. Er dachte, das wäre Teil meines Spiels. Ich war immer noch so durcheinander, dass ich das nicht weiter vertiefen konnte. Ich wollte es nur noch als Erfahrung abhaken und ihn nie wiedersehen.

Danach war ich in gewisser Weise vom Flirten geheilt. Doch dann, ein paar Jahre später, haben wir es noch mal versucht.

# Neustart in Sachen offene Beziehung

Wir spulen also ein paar Jahre vor. In der Zwischenzeit hatten wir noch ein Kind bekommen, und die Geschichte im Auto lag lange zurück. Der Alltag war wieder eingekehrt mit all seiner wunderbaren Entspanntheit. An einem dieser Abende allein zu Hause, als die Kinder bei Oma und Opa übernachteten, wollten Tim und ich mal nicht an Kinderkram und Familienalltag denken, sondern an uns und daran, eine unserer Fantasien tatsächlich auszuleben. Wir hatten an diesem Abend einen unserer damaligen Lieblingspornos angeschaut: Er spielte in einem Swingerclub. Da fragte Tim plötzlich, ob wir uns nicht auch im echten Leben einmal in einem Swingerclub anmelden wollten. Er habe da etwas recherchiert und wisse, wo man gucken könne. Ich war noch ganz geflasht von dem Video und unserem Sex und habe Ja gesagt, weil gerade alles so schön war und ich irgendwie nicht in Stimmung war, Nein zu sagen. Eine Stimmung, in der man fast allem zustimmt, weil man einfach gerade so glücklich und zufrieden ist. Wir machten gleich an diesem Abend noch ein Profil im Joyclub.

## HOT FACT

**Joyclub ist ein Onlineportal, bei dem man sich mit Menschen vernetzen kann. Erstes Ziel dort ist es, Partner für Sex zu finden. Es sind Paare genauso angemeldet wie Singles. Man kann miteinander chatten, sich über Vorlieben austauschen und vieles mehr. Auch Anmeldungen für Clubbesuche im Real Life sind über den Joyclub möglich.**

Wir kuschelten uns gemütlich ins Bett, richteten unser Joyclub-Profil ein, luden ein paar intime Fotos hoch, die wir vor Jahren mal gemacht hatten (und beschlossen, gleich am nächsten Tag neue, aktuelle Bilder zu machen) und stellten uns vor, was alles passieren könnte. Ein Dreier war schon lange unsere gemeinsame Lieblingsfantasie. Am liebsten mit einem Mann – da waren wir uns einig. Mir gefiel an der Vorstellung, gleich von zwei Männern umsorgt, begehrt und gewollt zu werden, doppelt zu spüren, dass sich jemand nach mir verzehrt. Ein Teil von mir steht gerne im Mittelpunkt. Dass sich beide um mich bemühten – vielleicht auch, weil es jeder von ihnen ein bisschen besser machen wollte als der andere –, turnte mich sehr an. Die Vorstellung, dass die beiden Männer um mich buhlen würden, erzeugte einen wunderbaren Schauer in mir. Auch dass ich gefordert wäre, um mir und den beiden gerecht zu werden, war eine Herausforderung, die ich mir in den herrlichsten Farben ausmalte. Und mir gefiel die Vorstellung davon, wie Tim mich ansehen würde, voller Geilheit und auch ein bisschen beeindruckt. Wie wir unseren – aber besonders auch seinen – wahr gewordenen Sextraum erleben würden. Etwas, von dem ich ihm schon so oft Geschichten erzählt hatte. Als wäre ich die Hauptdarstellerin in unserem Lieblingsporno. Der Gedanke daran, ihn glücklich zu machen, machte mich umso glücklicher. Tim liebte es, sich vorzustellen, wie ein anderer Kerl neidisch wäre, weil er mich jeden Tag hat. Auch wenn diese Art des Besitzanspruchs etwas anachronistisch wirkt, ließ mich der Gedanke, dass er so stolz auf mich war, lächeln. Er gab gern mit mir an. Das war schön. Ich liebte die Vorstellung, alles für ihn zu sein, was er sich wünschte – auch und gerade sexuell. Das war für mich der größte Antrieb. Ich merkte in den kommenden Tagen und Wochen, wie sehr er sich das alles gewünscht hatte. Gefühlt drehte sich in nächster Zeit alles in unserer Beziehung um Sex und um dieses neue Entdecken unserer Lust. Tim steckte mich total an mit seiner Euphorie.

# Von der Fantasie zur Wirklichkeit

An diesem Abend jedenfalls legten wir mit dem Joyclub-Profil den Grundstein für unsere Reise von der Fantasie in die Wirklichkeit. Die Liste an Vorlieben auszufüllen war eine echte Herausforderung. Zumindest für mich. Da stehen verschiedenste Praktiken und Kinks, also spezielle Spielarten, und du kannst auswählen, wie sehr und ob überhaupt du darauf stehst. Die Hälfte der Auswahlmöglichkeiten kannte ich nicht mal. Was war Bondage? Was macht ein Bull? Wofür stand PT, und was sollten wir bloß bei „Mögen wir gar nicht“ eintragen? Ich musste viel googeln an diesem Abend, und wir lachten über meine Unwissenheit. Tim war zwar auch kein Experte in der Praxis, aber er hatte damals schon eine ansehnliche Pornosammlung und wusste zumindest, wie die Sachen aussahen, die da beschrieben waren. Bondage ist das Spiel mit Fesseln, ein Bull ist der Mann, der die Frau fickt, während der Cucky beim Cuckolding zuschaut. PT heißt Partnertausch.

Auf der Suche nach Inspiration klickten wir uns durch verschiedene Profile und stöberten, was andere Paare eingetragen hatten. Wir testeten alle Funktionen im Joyclub: Wir meldeten uns zu einem Swingerclub-Abend an und stellten sogar ein Dategesuch für einen Dreier ein. Es war ein Abend mit Aufbruchstimmung. Wir lachten zusammen und fühlten uns frei und gut, allein vom Pläneschmieden. Beschwingt irgendwie.

Der nächste Morgen war seltsam unwirklich. Als ich in die Küche schlurfte, um mir einen Kaffee zu machen, fühlte ich mich, als wären wir in einem Fantasierausch gewesen, und nun, wo er vorbei war, erwartete uns da wieder die Realität. Swingerclub – das war doch so ein schmuddeliger Schuppen mit alten Menschen, oder? Und wer bitte sucht im Internet nach einem Paar für einen Dreier? Bei Tageslicht betrachtet klang für mich alles so absurd. Ich war mir sicher, dass das eine reine Fantasie bleiben würde. Trotzdem wollte ich gleich noch, bevor ich die Kinder abholen sollte, über die neuen Fotos nachdenken. Wenn wir das Profil schon anlegen, soll es auch richtig sein. Ich weiß noch genau, wie ich vor meiner Wäscheschublade stand und durch Still-BHs und Baumwollschlüpfer kramte. Ganz hinten im Fach lagen noch ein paar Spitzenhöschen, eins davon zog ich an. Strümpfe fand ich auch noch. Einer hatte eine Laufmasche. Der Anblick im Spiegel mit dem weißen Deckenlicht, das wirklich jede kleine Delle am Körper wie einen Krater erscheinen lässt, war bedrückend. Meine Brüste quollen aus dem viel zu kleinen zarten BH von früher. Wann war das aus mir geworden? Ich fühlte mich unförmig, käsig irgendwie. Irgendwann hatte ich mich selbst mal heiß gefunden, wenn ich in den Spiegel geschaut hatte. Das kam mir in diesem Moment vor wie aus einem anderen Leben. Das Bild, das ich innerlich von mir als begehrenswerte Frau hatte, deckte sich kein bisschen mit dem, was ich da im Spiegel sah. Die Spitzenwäsche fühlte sich wie ein Fremdkörper auf meiner Haut an. „Ich find dich nackt am besten", sagte Tim, der unbemerkt ins Zimmer gekommen war und gleich wieder ins Bad verschwand. Ich zog die Spitzenwäsche wieder aus und betrachtete mich im Spiegel. Was sollte ihm daran denn gefallen? Meine Brüste waren toll, das musste ich zugeben. Aber der Rest? Ich fand nichts an meinem Körper wirklich gut, nicht meinen flachen Hintern, den ausgeleierten Bauch, den Speck an der Hüfte, dazu meine knochigen Knie. Ich schnappte mir das nächste Kleidungsstück, das auf dem Ständer neben mir hing, und zog es über. Es war Tims Hemd, das er am Tag zuvor im Büro angehabt hatte und das noch nach ihm roch. Dieser Anblick gefiel mir schon ein bisschen besser. Während Tim unter der Dusche war, legte ich mich aufs Bett und öffnete die Vorhänge am Fenster, um das sanfte Licht des Morgens reinzulassen. Ich machte mit meinem Handy ein paar Fotos. Der sanfte Stoff umspielte meine selbst ernannten Problemzonen. Ich ließ das Hemd leicht offen, sodass meine Brüste rausschauten, und fühlte mich plötzlich sehr wohl mit mir. Auch Tim war begeistert, als ich ihm die Bilder später zeigte, die unsere ersten aktuellen Fotos in unserem Joyclub-Profil werden sollten. Ich bekam viele Komplimente dafür, hatte aber das Gefühl, die galten gar nicht wirklich mir. Schließlich war das auf den Fotos nicht die ganze Wahrheit, nur ein Ausschnitt zu sehen. Der größte Teil der Wahrheit war unter einem Hemd versteckt und in Pose gerückt. Ich war unsicher. Wenn mich jemand wirklich nackt sehen würde, nachdem er diese Fotos gesehen hatte, wäre er sicherlich enttäuscht.

Tim widersprach natürlich. Er war sich ganz sicher, dass niemand enttäuscht sein würde. Die Schwangerschaften hatten ihre Spuren hinterlassen, und ich hatte meinen Körper in den letzten Jahren nicht wichtig genug genommen, ihm nicht genügend Aufmerksamkeit und Liebe geschenkt. Irgendwie hatte ich es geschafft auszublenden, wie wichtig es mir mal gewesen war, mich um mich selbst zu kümmern. Selbstfürsorge eben. Selbstfürsorge kommt ja bei vielen Müttern zu kurz. Wir kümmern uns um die Kinder, um die Familie und darum, unseren neuen Platz in der Gesellschaft zu finden – unsere neue Rolle auszufüllen. Aber zumindest ich für meinen Teil hatte in den letzten Jahren völlig vergessen, auch auf mich selbst und meinen Körper achtzugeben. Mich mit ihm nach den Geburten wieder neu anzufreunden, mich mit ihm auseinanderzusetzen und ihn zu feiern, statt einfach schnell was überzuziehen. Diese Diskussion hatten wir schon oft geführt. Tim fand, dass ich übertrieb. Mein Körper sei wunderbar, und kein Mann würde irgendetwas daran auszusetzen haben. Das Problem lag ganz allein in mir. Ich war unzufrieden, weil ich das Gefühl hatte, ich wäre zu sehr raus aus dem Spiel. Ich wusste gar nicht mehr, wann ich zuletzt versucht hatte, sexy zu sein. Konnte ich das noch? Und wie stand es eigentlich um meine Fuckability? War ich gut genug? Würde ich damit zurechtkommen, wenn mir Männer, an denen ich Interesse hätte, sagen, dass sie mich zu unattraktiv fänden? Und wie sollte mich jemand heiß finden, wenn ich schon selbst nicht von mir überzeugt war?

In diesem Moment rief Tim aus dem Wohnzimmer nach mir und riss mich aus meinen Gedanken. Er saß auf der Couch und starrte mit einer Mischung aus Unglauben und ausgelassener Freude auf sein Handy. Als ich mich zu ihm setzte, zeigte er mir die Joyclub-App. Da waren Dutzende Nachrichten! Dutzende Männer, die sich auf unser Dategesuch für einen Dreier gemeldet hatten! Wir schauten die Nachrichten an. „Bestimmt nur irgendwelche Freaks oder Abzocker“, relativierte ich. Aber ich lag falsch. Wir lasen ein paar der Nachrichten und klickten einige Profile an. Schnell war klar: Viele der Männer waren absolut nicht seltsam, so wie ich befürchtet hatte. Ganz im Gegenteil, auf den ersten Blick waren das ganz normale Kerle. „Und die Anmeldung zur Swingerparty ist auch bestätigt“, sagte Tim mit einem Gesichtsausdruck irgendwo zwischen geschockt und vorfreudig. Ich stürzte in einen Zustand der Überforderung. Denn solange es um das Lesen von sexy Nachrichten ging und um Pläne nur im Kopf, war alles noch eine schöne und entspannte Fantasie. Wir schwelgten in der Vorstellung und schliefen noch mal miteinander. Doch dann musste ich mich beeilen, um die Kinder abzuholen.

# Unser erstes Mal Sex vor anderen

Der Swingerclubabend sollte schon eine Woche später stattfinden. Während der Woche schwankte ich zwischen der Angst, dass das ein totaler Reinfall werden würde, und echter Vorfreude. Was würde uns erwarten? Ein Abend mit verschwitzten Busfahrern in Unterhemden und gealterten Jungfern in Tiger- oder Netzoutfits, die sich und uns in einer schmuddeligen Ecke ihre Zungen in den Mund stecken würden? Oder könnte es doch ein wirklich heißes und aufregendes Erlebnis werden, voller Sinnlichkeit und echtem Genuss? Wir wussten es nicht, aber es war klar, dass wir uns danach gemeinsam freuen – oder zumindest drüber lachen können würden.

Also ging es an die Vorbereitungen: Was zog man bei einer solchen Gelegenheit denn an? Wir gingen extra in die Stadt, um uns neue Outfits zu kaufen. Wir lasen in diversen Foren nach, wie es im Swingerclub genau abläuft und was uns erwarten sollte. Ich liebte es, im Kopf verschiedene Szenarien durchzugehen und mit Tim zu besprechen, und hatte viel Spaß in den Tagen davor. Diese Fantasie kurz vor der Umsetzung, wenn alles noch ist wie ein Traum, aber bereits verheißungsvoll direkt vor einem liegt – das war magisch. Wir kamen uns vor, als würden wir etwas Verbotenes aushecken. Wie damals als Kinder, wenn wir uns im Wald ein geheimes Versteck gebaut haben. Die Vorstellung, wie es sein würde, diese total neue und grenzüberschreitende Erfahrung zu machen, die sexuelle Energie zu spüren, vielleicht sogar nach so vielen Jahren mal wieder eine andere Haut zu berühren, begehrt zu werden, beflügelte mich. Ich malte mir alles in den buntesten Farben aus. Ich wollte dieses gemeinsame Erlebnis und war mir sicher, dass es uns noch näher zueinanderbringen würde, weil wir zusammen etwas gewagt hatten. In ein paar Jahren würden wir unter unserem Birnbaum im Garten vor dem Haus sitzen, mit unseren Enkeln um uns herum, zurückschauen und darüber lachen, was wir damals Verrücktes gemacht haben. In der Theorie war das ein wunderbares Bild. Doch an dem Tag selbst hatte ich dann doch ganz schön Angst, was diese Erfahrung mit uns machen würde. Vielleicht hatte ich bis zuletzt gehofft, dass der Traum Traum bleibt, Tim es sich anders überlegen oder der Babysitter absagen würde, sodass wir das doch nicht machen. So ganz in echt. Das mulmige Gefühl, dass der Besuch im Swingerclub unserer Beziehung vielleicht doch schaden könnte, konnte ich nicht verhehlen. Aber die Blöße, jetzt einen Rückzieher zu machen, wollte ich mir auch nicht geben. Also sagte ich noch mal Ja, als Tim mich am Morgen fragte, ob ich mich auf den Abend freute. Ich war echt nervös. Doch alles klappte, bis zur letzten Sekunde. Die Kinder waren untergebracht, und ich machte mich fertig. Jetzt wurde es ernst. „Was ist, wenn es dann, wenn wir dort sind, aber doch nicht okay ist?“, fragte ich Tim. „Ist es das Risiko wirklich wert?“ Wir setzten uns im Schlafzimmer auf die Bettkante und schwiegen eine Weile. Dann sagte Tim: „Lass uns hinfahren und es uns einmal anschauen. Wenn du nicht mehr magst, gehen wir sofort nach Hause. Ohne Fragen oder Erklärungen.“

Dieser Grundsatz sollte für uns in den nächsten Jahren immer wieder wichtig sein: Wenn einer von uns nicht mehr möchte, muss er es nicht begründen. Ein schlechtes Gefühl reicht aus. Tim hatte Sorge, dass ich es am nächsten Tag bereuen würde, wenn wir gar nicht hinfahren. Er hatte natürlich recht. Wenn wir es heute nicht täten, dann würden wir es vermutlich nie mehr machen. Also gab ich mir einen Ruck und ließ mich von Tims Vorfreude anstecken. Die Fahrt in den Club dauerte fast eine Stunde. Wir hatten uns eine Veranstaltung nur für Paare ausgesucht. Perfekt für Einsteiger, hatten wir uns sagen lassen. Wir vereinbarten, dass wir es langsam angehen lassen wollten. „Und wenn du nur tanzt und ich dich und deinen süßen Hintern von der Bar aus beobachten kann und sonst nichts passiert, dann war es auch ein gelungener Abend“, sagte Tim.

Der Club war mitten in einem Gewerbegebiet. Beim Einparken sahen wir bereits jeden Menge Leute, manche in schicken Feieroutfits, andere in Jeans und Collegejacken. „Da muss noch eine Disko in der Nähe sein“, sagte ich zu Tim. Aber da war keine Disko. Die Leute gingen alle, so unterschiedlich, wie sie waren, und so völlig normal, wie sie aussahen, in den Swingerclub, in den auch wir wollten. Als wir reingingen, zeigte uns die Inhaberin die Umkleiden, denn Straßenkleidung war im Club nicht erlaubt. Ich hatte mich für eine schwarze Corsage und Jeans entschieden, damit ich mich in der Umkleide nicht komplett ausziehen musste. Die Corsage behielt ich an, aus den Jeans wechselte ich in einen kurzen schwarzen Faltenrock, Strümpfen mit einer roten Naht hinten und schwarzen High Heels. Tim hatte sich in ein dezentes Outfit geworfen, ebenfalls in Schwarz. Irgendwas, mit dem er möglichst wenig auffiel.

Im Club selbst herrschte eine herzliche und total positive Stimmung. Wir bestellten uns einen Drink und hatten unfassbar viel zu gucken. Diese draußen noch ganz unscheinbar und durchschnittlich aussehenden Menschen hatten sich zu einem bunten Haufen unterschiedlichster Stile gemausert. Manche sahen aus wie gealterte Versionen der aufgedonnerten Mädels bei uns in der Dorfdisko der 90er-Jahre. Andere waren gestylt wie Burlesque-Künstlerinnen, und wieder andere erweckten den Eindruck, als würden sie im kleinen Schwarzen gleich zu einem schicken Cocktailempfang gehen. Wir hatten vorher Angst gehabt, dass wir mit unseren Klamotten etwas falsch machen könnten. Aber selbst wenn ich das außergewöhnlichste Outfit angezogen hätte, das mein Kleiderschrank hergibt, so wären wir damals in diesem Club nicht aufgefallen. Nicht mal die Frau mit Latexmaske auf dem Kopf, die von einem Mann geführt wurde, stach besonders heraus. Sogar bei den Männern gab es eine überraschende Vielfalt zu entdecken. Die meisten waren dezent gekleidet, mit leichten

Hosen und Netzshirts. Ein Kerl trug eine Art Quilt, zwei andere trugen Röcke. Wir saßen an der Bar im Hauptraum des Clubs und beobachteten die Menschen, die hereinkamen, unauffällig. Es roch wie überall in der Disko: ein bisschen nach leerer Fabrikhalle. Aus den Boxen dröhnten die Bässe. Mir wurde kalt, so recht wussten wir nichts mit uns anzufangen. Aber schon wieder gehen, das war ja auch Quatsch. Jetzt waren wir einmal da, da wollten wir es uns auch komplett ansehen und uns durch den Abend treiben lassen. Der Club wurde schnell voller, und tatsächlich waren nur Paare da. Viele schienen sich auch zu kennen und begrüßten sich ausgelassen. Die Frauen hatten im Vorfeld bunte Bänder fürs Handgelenk bekommen. Je nach Farbe konnten die anderen Paare erkennen, wie aufgeschlossen das Gegenüber war: Ein rotes Band bedeutete, dass dieses Paar sich erst mal umschauen und (noch) nicht mit anderen Paaren sexuell aktiv werden möchte. Gelb meinte, dass grundsätzlich körperlicher Kontakt erwünscht ist, aber eben nur leicht, ohne zum Beispiel Partnertausch, und ein grünes Band signalisierte, dass dieses Paar heute zu fast allem bereit ist. Mein Bändchen war gelb, wie das der meisten Anwesenden. Tim und ich hatten große Lust, einfach ein bisschen in Kontakt zu kommen – in die Szene „reinzuschnuppern“. Aber wenn wir weiter nur an der Bar hocken würden, würde das mit der Kontaktaufnahme kaum etwas werden. Die Luft wurde dicker und wärmer. Es roch schon bald nach dieser Mischung aus verschiedenen Parfüms, Alkohol und Schweiß, und wir beschlossen, uns auch im Rest des Clubs umzusehen. Im Nebenraum legte ein DJ Hip-Hop auf, in einem dritten Raum wurden Schlager gespielt. Wir entschieden uns für Hip-Hop. Und tatsächlich war es in diesen kleineren Räumen leichter, in Kontakt zu kommen. Wir redeten mit anderen Paaren und lernten Menschen mit den verschiedensten Geschichten und Erfahrungen kennen. Da waren Paul und Elise, die am Wochenende gerne über 100 Kilometer aus einer anderen Stadt hierherfuhren, weil sie sichergehen wollten, keinen ihrer Nachbarn oder Freunde zu treffen. (Dass ihre Nachbarn aus demselben Grund auch so weit fahren könnten und sie dann trotzdem auf sie stoßen könnten, war eine amüsante Vorstellung, die ich aber für mich behielt.) Außerdem Tom und Ilona, die hier regelmäßig ihre Freunde trafen und einfach gern zum Feiern herkamen, auch wenn sie fast nie Sex hatten, wie sie erzählten. Sie mochten einfach den offenen und ungezwungenen Umgang. Wir trafen Paare, die seit Jahrzehnten verheiratet waren, und solche, die sich gerade erst kennengelernt hatten. Es war locker, unbeschwert und völlig entspannt. Eigentlich hätten wir nach ein bisschen tanzen, quatschen und knutschen wieder nach Hause gehen können, aber irgendwie wollten wir noch das Herzstück des Clubs kennenlernen. Wir schauten uns also noch im Spielbereich um. Da gab es mehrere verschiedene Räume, in die man durch Fenster schauen konnte. In einem waren ein riesiges Andreaskreuz und verschiedene Fesselvorrichtungen an die Wand montiert, in einem anderen stand ein großes Himmelbett und es war eine beachtliche Leinwand aufgehängt, auf der Pornos liefen. In weiteren Räumen gab es einfach riesige Matratzenlager mit abwischbaren Bezügen. Überall standen kleine Spender mit Taschentüchern und Kondomen. Und vor allem waren da überall Menschen, die sich ihrer Lust hingaben. Direkt am Eingang zu einem

Raum, in dem die Matratzen in zwei Ebenen aufgebaut waren, sah ich die kleine blonde Frau wieder, die ich gerade schon beim Tanzen beobachtet hatte. Sie hatte sich geschmeidig wie eine Katze bewegt. Ihr weit geschnittenes Oberteil bestand nur aus einem hellen, transparenten Stoff. Ich hatte mich bemühen müssen, ihre steifen Nippel nicht dauernd anzustarren. Jetzt hüpften ebendiese Nippel fröhlich auf und ab, als sie auf ihrem mittlerweile nackten Begleiter saß und ihn ritt. Ich wusste nicht recht, wie sehr es angebracht war, genau hinzuschauen. Auf den Matratzen befanden sich Dutzende Paare: dicke, dünne, alte, junge, bieder Aussehende, solche, die ich wirklich heiß fand, und auch genau die Art Mensch, die ich mir vorher für diesen Ort vorgestellt hatte: Frauen mit auftoupierten Haaren und Tigerprint-Body und Männer, wie man sie als Freier aus Thailand-Dokumentationen kennt. Ein wilder Querschnitt der Gesellschaft breitete sich vor unseren Augen aus. Kurz hatte ich den Eindruck, ich würde den Fußballtrainer meines Sohnes auf einer der Matratzen entdecken, doch ich hatte mich zum Glück getäuscht. Manche der Paare knutschten wild, andere streichelten einander sanft. Manche waren schon zu viert oder mehr zusammengerückt und verschmolzen in einem Lusthaufen aus Gliedmaßen. Wir waren total geflasht. Wir hatten zwar schon viele Pornos gesehen, aber tatsächlich und in live Menschen beim Ficken zuzuschauen – und dann noch auf diese vielen verschiedenen Arten – war doch was anderes und so viel aufregender. Ein Mann hinter einem der Fenster, mit einer Statur wie ein Bär, der seine Begleiterin gerade fest und nachdrücklich von hinten fickte, schaute mir durch die Scheibe genau in die Augen. Seinem Blick auszuweichen war unmöglich. Ich war wie gefesselt und starrte ihn an, während er stöhnend in seine Partnerin stieß. Tim zog mich weiter, und wir flüchteten uns in eine stille Ecke. So passiv andere zu beobachten, fühlte sich komisch an. Ich wäre am liebsten ewig vor dieser Scheibe stehen geblieben, aber es war so ungewohnt, jemandem bei so etwas Intimem wie Sex anzuschauen. Wir kannten uns ja gar nicht. Rational war dieses Gefühl natürlich nicht. Im Kopf war uns klar, dass, wer hier Sex haben würde, gerne beobachtet werden möchte. Aber durch die Scheibe zu starren, als wären wir im Zoo, war seltsam. Gleichzeitig wollten wir gerne sehen, was um uns herum passierte. Aus unserer ruhigen Ecke heraus beobachteten wir das Geschehen. Wir wussten nicht recht, was wir tun sollten. Nach Hause gehen? Ich war unsicher und kam mir komisch vor, fühlte eine Mischung aus wirklich Lust auf Sex und einer Unsicherheit wie vor dem ersten Mal. Irgendwie war es das ja auch. Das erste Mal vor Zuschauern. Tim spürte meine Bedenken, beugte sich zu mir rüber und flüsterte mir zu: „Die beiden da drüber auf dem Sessel", er zeigte versteckt in eine Richtung, „schauen die ganze Zeit her zu uns. Sie finden dich heiß. Ich will, dass sie sehen, wie heiß du beim Sex aussiehst." Ich musste lachen. Und plötzlich überkam mich eine Welle an Mut. Ja, verdammt! Ich seh verdammt heiß aus beim Sex. Ich nahm Tim an die Hand und führte ihn zu einem der Räume direkt am Fenster. Dort bedeutete ich ihm, er solle sich zurücklegen, dann kniete ich mich zwischen seine Beine und fing an, seinen Schwanz zu blasen. Mein Arsch zeigte in Richtung Fenster. Ich fühlte die Blicke des Pärchens im Sessel auf mir und die der anderen Menschen im Raum. Fühlte, wie ich gemustert und mit den Augen abgetastet wurde. Das gefiel mir. Gleichzeitig war es aber auch seltsam zu sehen, wie Tim sich weiter umschaute und ihn die fremde nackte Haut erregte, während ich völlig auf ihn fokussiert war. Ich fühlte einen kleinen Stich Eifersucht und wollte wissen, wo er hinschaute. Das ging aber schlecht, während ich seinen Schwanz im Mund hatte. Also ließ ich von ihm ab und zog ihn auf mich. „Hier spielt die Musik", sagte ich und küsste ihn innig. Ich wollte, dass er mich anschaute und mit seinen Gedanken bei mir war. Er stöhnte auf, streichelte meine Brüste und drang heftig in mich ein. Ich versuchte, mich fallen zu lassen, spürte aber immer wieder den warmen Atem eines Pärchens an meinem Bein, das sich einen Platz direkt neben uns zum Sex ausgesucht hatte. Ab und zu streifte mich eine Hand. Sie gehörte dem Kerl neben uns, war schwitzig und kalt. Ich drehte mich weg und fasste so versehentlich einer anderen Frau, die gerade auf der anderen Seite neben uns geleckt wurde, ins auftoupierte Haar. Ich schrak auch da zurück. Auch wenn mir das Spiel mit meinem Mann gefiel, war mir das zu viel: zu viele Blicke und Gerüche, zu viel Schweiß und einfach zu viel Aufpassen, dass mir nicht jemand zu nahe kommt. Ich schwankte ob der vielen Leute ständig zwischen der wohligen Welle von Leichtigkeit und Leidenschaft und einem gewissen Unbehagen. Als wir fertig waren, verließen wir den Club recht zügig. Es war seltsam. Ich hatte mich begehrt gefühlt, hatte die Blicke genossen und fand es heiß, so viele Menschen in ihrer Vielfalt voller Leidenschaft zu sehen. Gleichzeitig fühlte ich mich auch beliebig und austauschbar. Und ich bin auch einfach extrem wählerisch beim Sex und brauche eine gewisse Sicherheit, um mich fallen zu lassen. Wenn mich jemand falsch berührt, ist es vorbei, und diese nasse Pranke des Mannes neben uns hatte mich definitiv falsch berührt. Ich erschauerte bei der Erinnerung. Dass ich kurz eifersüchtig war, konnte ich gut für mich annehmen und verarbeiten. Jedenfalls bestätigte der Abend, was schon vorher mein Bauchgefühl gewesen war: dass das nicht ganz das Szenario ist, das mich wirklich anmacht, aber dass es gut gewesen war, mir einen Ruck zu geben. Wir kamen mitten in der Nacht nach Hause und gingen sofort ins Bett. Die Kinder schliefen friedlich bei meinen Eltern.

Nach dieser Nacht voller Sex, neuer Gedanken, voller Gefühl und Begierde, switchte ich wieder in diese andere Welt. Eine Welt, die mir wahrhaftig vorkam. Mein echtes Leben. Damals hatte ich damit gerechnet, dass der Swingerclub-Ausflug eine nette kleine Abwechslung wäre, aber ich hätte nie gedacht, dass meine Fantasie und meine Leidenschaft schon ein Jahr später genauso Teil meines echten Lebens sein würden wie das hier: Als ich die Kinder abgeholt hatte, ging alles seinen gewohnten Gang, als wäre nichts gewesen. Wir spielten im Garten, ich las vor, kochte Essen, putzte, und wir gingen zum Spielplatz. Alles war einfach wie immer. Normaler Alltag, normale Vorstadt, normales Leben. Als ich an einem Schaufenster vorbeilief, fiel mein Blick in die Scheibe und auf die Frau, die ich da sah. Die praktische Muddifrisur, die Schlabberklamotten, die Schokoflecken auf meinem Shirt, die mir mein Sohn gerade mit seinem Eis verpasst hatte. Es fiel mir schwer, diese zwei Frauen zusammenzubringen: die, die ich letzte Nacht gewesen war und die auch Tim in mir sah, und diese Frau im Spiegel. Ich dachte an diesem Tag viel darüber nach, wie abstrus ich mir vorkam, mir diese Frau im Spiegel in High Heels und den superheißen Strümpfen mit roter Naht vorzustellen.

Ich mochte damals und ich mag heute meine beiden Ichs: Ich liebe meine Mutterrolle und den Alltag als Familie. Mir gefiel aber auch die Frau mit den schwarzen Strümpfen mit der roten Naht sehr. Sie war ein Teil von mir; und zwar ein Teil, der mir wirklich sympathisch war. Sie strahlte Selbstbewusstsein aus und fühlte sich wohl und im Einklang mit sich selbst. Sie wusste, was sie wollte. Das war auch ich. Und ich wollte ein bisschen mehr von dieser Frau und ihrem Selbstbewusstsein in meinen Alltag holen. Dabei ging es nicht im eigentlichen Sinne um die Dessous oder den Sex, sondern um mein inneres Mindset und meine Rolle; meine Einstellung zu mir selbst.

# Fremde Haut

Der Swingerclub war ein spannender Einstieg gewesen und hatte uns gezeigt: Wenn wir aufeinander achten, dann kann eigentlich nichts Schlimmes passieren. Wir wollten die positiven Aspekte unserer neu entdeckten Sexualität und der sexuellen Energie vertiefen und unsere Leidenschaft voller Lust und Hingabe ausleben. Also kam unser nächster Schritt: Sex zu dritt.

Eines Abends, als die Kinder im Bett waren, schnappte ich mir den Laptop, suchte mir eine ruhige Ecke und begann in der Joyclub-App alle Nachrichten rund um dieses Thema zu beantworten. Unter den Anfragen waren die wildesten Einstiege von „Hallo – Eure süße Maus würde ich ja gerne mal vernaschen“ bis hin zu ausformulierten Gedichten. Es waren Männer dabei, die direkt konkrete Fantasien schrieben, und solche, die sich eher langsam herantasteten. Einige verstrickten mich in ewige Diskussionen darüber, warum ich mich unbedingt mit ihnen treffen müsse, um beurteilen zu können, ob das zwischen uns passt. Und es waren andere dabei, die mir eigentlich nur erzählen wollten, wie toll sie sind. Einer hat mich angeblafft, weil ich aufgrund seiner Fotos ein Treffen ablehnte, und ein anderer hat mir Dutzende kitschige Fotos von Rosen geschickt und mich mit Nettigkeiten überhäuft, die er vermutlich 20 anderen Frauen zur gleichen Zeit auch schickte. Und dann waren da noch mehrere Kerle, mit denen ich einfach locker und entspannt ins Gespräch kam. Das war schön. Das Ganze hat mich total in den Bann gezogen. Ich liebe es, mich zu unterhalten und zu flirten. Wir redeten über unsere Vorlieben und darüber, was ich mir wünschte oder vorstellen konnte. Es war längst dunkel geworden, und ich chattete immer noch. Tim kam immer mal vorbei und schaute mir über die Schulter.

Ein Mann, der mir – und dann uns – wirklich gefiel, war Frank. Er schrieb nett, ausführlich, aber auch kein ewiges belangloses Blabla. Er erzählte von seiner Familie und der Arbeit und davon, dass er noch nie einen Dreier hatte und auch etwas aufgeregt war bei der Vorstellung. In den nächsten Tagen verliefen sich die meisten Gespräche im Sand. Aber das mit Frank blieb, und ich hatte ein gutes Gefühl. Bis zum Wochenende hatten wir viel geschrieben. Frank lebte mit seiner Familie bei Berlin, weit weg von uns, und war nur unter der Woche zum Arbeiten in der Gegend. Die Wahrscheinlichkeit von gemeinsamen Freunden war daher wirklich niedrig, was mich beruhigte. Er war recht klein, aber ich mochte seinen durchtrainierten Körper auf den Fotos. Und er erzählte, er habe eine offene Beziehung. Was das sein sollte, war mir damals noch nicht wirklich klar. Aber er versicherte uns, dass seine Frau nichts dagegen habe, wenn wir uns trafen. Eine eifersüchtige Ehefrau war wirklich das Letzte, was ich wollte. Und überhaupt wollte ich nichts tun, was eine andere Beziehung gefährden könnte. Später kam raus, dass das, was Frank und seine Frau miteinander hatten, keine offene Beziehung war, sondern ein sogenanntes don't ask, don't tell-Arrangement. Zwischen Fremdgehen und Polyamorie gibt es unendlich viele verschiedene Schattierungen, deshalb ist es auch schwierig, da richtige Kategorien aufzumachen. Ich versuche es trotzdem mal: Franks Frau hatte nichts von mir/uns gewusst und keinen Einblick, was ihr Ehemann unter der Woche sexuell tat. Sie fragte ihn aber auch nicht. Wie die allermeisten Menschen in unserer heteronormativen Gesellschaft wollte Franks Frau grundsätzlich eine monogame Beziehung. Sie rechnete aber auch damit, dass ihr Mann möglicherweise untreu wäre. Konkret gefragt habe sie ihn nie, erzählte Frank. Solange sie aber die Augen davor verschloss, war der Betrug für sie nicht existent. Frei nach dem Motto: „Was ich nicht weiß, macht mich nicht heiß." Es gibt tatsächlich Paare, die das so konkret miteinander ausmachen. Die meisten aber leben dieses Arrangement sicherlich stillschweigend. Manche Paare fahren gut damit – ich persönlich habe heute extreme Vorbehalte. In vielen Partnerschaften wird einfach wenig oder nicht über Sex und Bedürfnisse gesprochen. Das hat sicher viele Gründe. Als Kinder sind die meisten von uns zu wenig aufgeklärt worden, wenn, dann ging es bei Sexualthemen eigentlich immer nur um Schwangerschaften oder die Verhütung derselbigen. Über Begehren und Lust – speziell weibliche Lust – wurde geschwiegen. Und dann ist da noch dieses Märchen davon, dass, wenn man sich liebt, der Sex erfüllend ist und umgekehrt. Wenn Menschen ihrem Partner also sagen, dass sie sexuelle Wünsche haben, die über die sich automatisch ergebenden Praktiken hinausgehen, haben sie Sorge, dass das Gegenüber das als Kritik auffassen würde. Als würde die gemeinsame Liebe für den perfekten Sex nicht ausreichen. „Genüge ich dir nicht?" – vor dieser Frage haben viele Menschen verständlicherweise Angst und schweigen dann, statt sich zu offenbaren. Möglicherweise haben sie zudem Angst, dass ihr Gegenüber auch Kritik am gemeinsamen Sex äußert und sie selbst aus ihrer Komfortzone kommen müssten – aber das ist natürlich nur eine Vermutung. Das wird kaum einer zugeben. Nicht wenige rechtfertigen ihr Fremdgehen dann damit, dass sie ja versucht hätten, mit ihrer Partnerperson darüber zu reden, aber das Gespräch im Sande verlaufen ist. Sie gehen fremd, und solange die andere Person sie nicht fragt, ob sie fremdgehen, tun sie es einfach weiterhin. Ich will andere Beziehungen nicht bewerten, aber ich werde heute eher hellhörig, wenn jemand sagt, seine Beziehung fuße auf don't ask, don't tell.

In einer offenen Beziehung dagegen werden Dinge in der Regel nicht geheim gehalten. Zumindest ist offen kommuniziert, was wer wissen will. Natürlich gibt es in diesem Rahmen noch viele Abstufungen und verschiedene Regeln. Manche Paare in offenen Beziehungen haben zum Beispiel die Absprache, dass nur Personen eines bestimmten Geschlechts gedatet werden dürfen oder dass Dates nur in bestimmten Rahmen ablaufen dürfen, zum Beispiel dass man jeden Sexkontakt nur einmal treffen darf. Frank jedenfalls hatte keine Absprachen mit seiner Frau. Damals war mir aber noch nicht klar, dass ich danach hätte fragen müssen. Ich hatte nur kurz „offene Beziehung" gegoogelt und fand, dass mich der Rest nichts anginge. Ich schrieb mit Frank, und Tim konnte alles mitlesen. Es betraf ihn schließlich auch.

Und dann kam unser 13. Hochzeitstag. Wir hatten kinderfrei und wollten den Abend zu zweit verbringen. Ich hatte Burger vorbereitet, die essen wir gerne, wenn die Kinder nicht zu Hause sind. Tim hatte Eis gemacht, und wir witzelten darüber, dass wir unser Festmahl auf der Couch essen würden. Die Kinder dürfen das nicht, wegen der Sauerei, die sie dabei in der Regel machen. Aber wenn wir allein sind, ist ein bisschen Sauerei auf der Couch ja auch mal ganz schön. Ich hatte mich frisch geduscht und gepflegt, wie ich es für den Sex liebe. Ich liebe es, wenn meine Haut nach Creme duftet und sich frisch nach dem Rasieren so unfassbar glatt anfühlt. Tim trug mein Lieblingsparfüm. Ich freute mich auf ausgiebigen Sex im frisch bezogenen Bett und darauf, mit meinem Mann ganz entspannt und in Ruhe zu besprechen, wie wir unsere Fantasie in die Tat umsetzen und wann wir uns vielleicht mit Frank treffen wollten. Tim hatte in den letzten Tagen immer wieder nachgehakt, wie wir denn jetzt weitermachen. Ich wollte mit Frank daher in die konkrete Planung gehen. Gegen 5 Uhr am Nachmittag – gerade als ich die Kinder bei meinen Eltern abgegeben hatte – schrieb Frank, dass er nur noch heute, ab morgen aber die nächsten zwei Wochen nicht da sei. Ich war enttäuscht und hatte auch irgendwie Angst, dass es sich dann doch im Sande verlaufen würde. Entweder weil man nie weiß, was in zwei Wochen alles passiert, und weil ich befürchtete, mein Mut würde mich verlassen. Ganz spontan schrieb ich zurück, mehr aus Spaß als im Ernst: „Dann sollten wir uns sofort treffen." Und er antwortete: „Gut, in 30 Minuten kann ich im Café sein?" Ich übergab das Handy mit den Nachrichten schweigend an meinen Mann. Er las sich den Chat durch und sagte trocken: „Das mit den Burgern verschieben wir wohl ein bisschen." Und dann fuhren wir los. Ohne noch lang zu überlegen. Im Auto auf dem Weg zum Treffpunkt bin ich dann doch ganz schön nervös geworden. Wir hatten keine Gesichtsfotos getauscht, sondern uns nur gegenseitig beschrieben. Was, wenn wir Frank doch aus dem echten Leben kennen? Was, wenn er mich nicht heiß genug fände? Was würde das mit mir machen? Was, wenn er ganz anders war als in meiner Vorstellung? Was, wenn er mir nicht gefallen würde? Waren meine Ansprüche okay oder vielleicht zu hoch? Was konnte ich eigentlich erwarten? Welcher Mann trifft sich denn bitte mit einem fremden Paar in einem Café, um einen Dreier abzusprechen? Hatte er keine Singlefrau abbekommen, wenn er sich auf seinen beruflichen Reisen etwas vergnügen wollte? War das ein Prank? Irgendwas mit versteckter Kamera, und gleich würden alle meine Freunde vor mir stehen und sich kaputtlachen? Plötzlich waren da so viele Fragen in meinem Kopf, die mich zu überwältigen drohten. Jetzt, wo alles konkret werden würde, fühlte ich, wie sich mir die Kehle zuschnürte. Ich hatte Angst, ausgeliefert zu sein und nicht zurückgehen zu können. Im Hinterkopf warfen mich diese Online-Flirts zurück zu dem Auto-Erlebnis, das mittlerweile ein paar Jahre zurücklag und mir immer noch nachhing.

Ich hatte in den letzten Jahren durch unseren gemeinsamen und liebevollen Umgang damit einen fast positiven

Zugang zum Erlebnis im Auto bekommen. Trotzdem war die Vorstellung davon, einen fremden Mann zu treffen, der vermutlich ein sexuelles Interesse an mir hatte, noch mit Unsicherheiten und etwas Angst belegt. Mit dem erneuten Versuch, die Beziehung zu öffnen, rissen die alten Wunden von damals wieder auf. Ich bat Tim daher ganz aktiv darum, auf mich aufzupassen. Mich zu begleiten und mich dabei zu unterstützen, es wirklich zu lernen: Was es bedeutet, meine Grenzen wahrzunehmen und sie zu schützen. Eigentlich sollte man das schon als Kind lernen. Aber um ehrlich zu sein, hatte es in meinem Leben bisher jeder einfach nur gut mit mir gemeint. Ich war in meiner rosaroten Zuckerwattewelt nie dazu gezwungen gewesen, meine Grenzen abzustecken. Krass eigentlich, wenn ich drüber nachdenke. Mit Mitte 30 war es wirklich Zeit, mich ernsthaft mit diesem Thema zu beschäftigen. Wenn wir das mit der Öffnung der Beziehung wieder versuchen wollten, dann musste ich es schaffen, mich zu behaupten und auch Nein sagen zu können. Ich hatte Angst, ich würde mich erneut von irgendjemanden zu etwas bequatschen lassen, das ich eigentlich nicht wollte. Und Tim hatte natürlich auch seine Bedenken. Er war sich nicht sicher, ob er mir wirklich vertrauen konnte. Schließlich ging es um Dates und um Sex und darum, unsere Beziehung auch im Eifer des Gefechtes immer an erste Stelle zu stellen. Daher war der Plan nachvollziehbar, dass wir vorerst nur Sachen machen wollten, bei denen wir beide voll involviert sind. Das gab mir und uns Sicherheit. Tim versprach, mich zu unterstützen und mir bei diesem Lernprozess zur Seite zu stehen. Und die sanfte Beschützerrolle stand ihm gut. Die Kontrolle zu behalten ist etwas, das ihm auch selbst guttat.

Es gab auch ihm Sicherheit. Gerade auch, nachdem ich ihn so verletzt hatte. Bei einer Beziehungsöffnung gibt es nicht die eine richtige Art, es zu tun. Ganz im Gegenteil. Jedes Paar hat seine eigene Dynamik. Da waren wir nun jedenfalls: mit dem klaren Vorsatz, gemeinsam unseren Horizont zu erweitern.

# Ménage-à-trois

Wir wollten den Dreier mit Frank. Wir hatten zu dritt geschrieben, und jetzt ging's ans erste Treffen. Das sollte so stattfinden, dass ich zu zweit mit Frank die Details besprach und Tim in der Nähe wartete und uns beobachtete. Uns zu dritt ins Café zu setzen, wäre uns wie ein Bewerbungsgespräch vorgekommen. So wollten wir das nicht. Außerdem war es mir wichtig, eine aktive Rolle zu haben. Entscheidend war für meinen Mann auch, dass ich mit Frank gut klarkäme, wir eine Chemie zwischen uns herstellen könnten. Nach unserem ersten Kennenlernen könnten wir dann in Ruhe entscheiden, wann und wie wir uns nach den zwei Wochen seiner Abwesenheit zum echten Sex verabreden könnten.

Tim und ich verabschiedeten uns vor dem Café, und ich lief allein zum vereinbarten Treffpunkt. Mein Herz schlug bis zum Hals. Ich hatte seit über 10 Jahren kein Date mehr gehabt. Ein online vereinbartes sowieso noch nie. Ich kam mir so seltsam vor, irgendwie fehl am Platz. Ich schaute mich um und suchte Blickkontakt zu Tim. Er hatte versprochen, in der Nähe zu bleiben und wollte sich natürlich auch gerne selbst ein Bild von Frank machen. Plötzlich stand Frank hinter mir. „Kiki?“, fragte er. Wir begrüßten uns, und er erzählte, dass er total aufgeregt sei. Ich war erleichtert. Dann war ich ja nicht die Einzige, der es so ging. Wir suchten uns einen Platz. Gott, den hatte ich mir völlig anders vorgestellt. Auch wenn ich ja wusste, dass er nicht aus der Gegend war, fiel mir dieser leichte Berliner Akzent gleich auf. Er hatte einen gepflegten kurzen Bart, trug ein lässiges Hemd, hatte weiche, glatte Hände und einen verwegenen Blick in den Augen. Er war nicht übermäßig attraktiv. Ganz normal einfach. Aber er roch fantastisch, und wir waren uns gleich sympathisch und kamen ins Quatschen. Über Gott und die Welt, aber dann natürlich auch sehr bald über Sex. Es fühlte sich merkwürdig an, das Thema so klar zu benennen. Ich hatte bisher eigentlich fast nur mit meinem Mann über Sex geredet. Und vielleicht mit meinen Freundinnen nach ein paar Gläsern Wein. Aber mit einem quasi Fremden über Sex zu sprechen, den wir zu haben planten, war sehr surreal. Gleichzeitig aber auch wirklich toll. Ich konnte einfach offen und ehrlich sagen, was Sache ist. Was sollte schon groß passieren? Als beim Thema Blowjob die Gruppe junger Frauen am Nebentisch kicherte, sind wir aufgestanden, um draußen weiterzureden. Ob Tim nur zuschauen wollte (nein), dass wir Kondome benutzen (natürlich), ob Tim und Frank sich auch berühren sollten (nein), wo unsere Grenzen wären und so weiter. Nach einer Stunde verabschiedeten wir uns. Frank wollte mich küssen, und ich wollte es irgendwie auch. Aber dass Tim mit an Bord war, war wichtiger, und wir hatten vereinbart, dass wir jeden weiteren Schritt miteinander besprechen. Nachdem Frank gegangen war, war Tim sofort da, und ich erzählte ihm alles. Und dann sagte er in seiner ruhigen und rationalen Art: „Warum machen wir es dann nicht jetzt gleich? Was bringt es, da noch zwei Wochen drüber nachzudenken? Du willst es – er will es – ich will es. Also los!“ Frank hatte mir zum Abschied seine Handynummer gegeben, und so rief ich ihn an – keine dreißig Minuten, nachdem wir uns verabschiedet hatten. Ich stellte auf Lautsprecher, und die positive Stimmung von unserem Date zu zweit ging nahtlos ins Telefonat zu dritt über. Wir redeten kurz, und tatsächlich waren wir nur Minuten später auf dem Weg zu Franks Wohnung. Er hatte nur noch eine knappe Stunde Zeit, bis er übers Wochenende zu seiner Familie fuhr. Wir mussten uns also nicht nur schnell entscheiden, sondern auch schnell zur Sache kommen. Wie verrückt war das bitte? Noch vor zwei Stunden hatten wir nichtsahnend zu Hause gesessen, und jetzt übersprangen wir einfach gefühlt drei Hürden. Wir hielten unterwegs noch an einem Laden, um Kondome zu kaufen, und nahmen uns im Auto noch mal ein paar Minuten, um uns zu sortieren. Wir waren das alles ja schon oft durchgegangen und hatten alle Eventualitäten besprochen. Wir wollten Blickkontakt halten und aufeinander achten. Sobald einer von uns mit etwas nicht mehr cool wäre, würden wir abbrechen, ohne Rechenschaft ablegen zu müssen. Richtige Limits haben wir nicht definiert. Wir wollten alles auf uns zukommen lassen. Ich hatte etwas Angst, dass ich es nicht von selbst schaffen würde, Bescheid zu geben, wenn es mir zu viel wird. Ich hab ja schon erzählt: Ich bin nicht gut darin, Nein zu sagen. Doch ich wusste, dass ich mich auf Tim verlassen können würde.

Ich konnte mich in seiner Gegenwart fallenlassen. In der Wohnung angekommen, gingen wir nach einer kurzen Vorstellung aller Beteiligten direkt ins Schlafzimmer. Die Zeit war schließlich knapp. Mir gefiel, wie aufgeräumt und sauber alles war, obwohl Frank ja gar nicht mit uns gerechnet hatte. Im Nachhinein war das kurze Zeitfenster wirklich gut, denn es hat uns etwas gepusht und dafür gesorgt, dass wir gar nicht mehr so viel nachdenken konnten. Ich stand Frank gegenüber, Tim stand hinter ihm an der Tür. Frank zog mich an sich und küsste mich. Ich öffnete die Augen und sah Tim an, während Frank mich immer inniger küsste. Sein Blick ermutigte mich. Ich knöpfte Franks Hemd auf und spürte, wie er mit seiner Hand unter mein Kleid glitt. Tim kam hinter mich und küsste meinen Hals, so wie ich es liebe, während Frank mein Gesicht in seine Hände nahm. Alles war so sanft. Tim zog mir das Kleid über den Kopf, und ich war dankbar, dass ich zur Feier des Hochzeitstags zusammenpassende Wäsche angezogen hatte. Ich legte mich aufs Bett und genoss den Anblick, als beide Männer ihre Oberteile auszogen und sich zu mir legten. Es fühlte sich an wie frisch verliebt zu sein: dieses aufregende Kribbeln im Bauch. Jede Berührung so neu. Tim und ich hielten Blickkontakt. Er ermutigte mich mit seiner Klarheit immer wieder, dass alles auch für ihn in Ordnung sei und ich mich gehenlassen könnte. Dieses Gefühl von so viel nackter Haut fesselte mich total. Ich in der Mitte und die beiden Männer rechts und links von mir. Ihre Hände und Münder waren einfach überall. Bald waren wir alle nackt. Frank wanderte mit seinem Mund sanft über meinen Körper bis zwischen meine Beine. Kurz stockte ich. Ich wollte mich zurücklegen und diese weiche Zunge genießen, die mich so unfassbar sanft berührte. Doch war es wirklich okay für Tim, wenn es mir zu sehr gefiele? Würde es ihn verletzen? Ich sah ihm fest in die Augen und er mir. Während Frank seine Zunge immer drängender über meine Vulva streifte, legte Tim seine Hand an meinen Hals, ging mit seinem Mund ganz nah an mein Ohr und sagte: „Ich mag, wie dir das gefällt. Es ist alles gut." Dann küsste er mich und begann meine Brüste fest zu kneten, wie ich es mag, und ich konnte mich einfach zurücklehnen, die Berührungen empfangen und mich fallenlassen. Wie sie mich beide beobachteten, sich kümmerten, und wie es beiden gefiel, mir diese Lust und diesen Orgasmus zu bereiten, das hat mich unendlich angemacht – und das sollte auch weiterhin eines der Dinge sein, die mir am Sex zwischen uns dreien so sehr gefallen würde. Als meine Pussy aufgehört hatte zu zucken, streifte sich Frank sein Kondom über. Er legte sich hin, Tim daneben. Während ich Frank ritt, massierte ich Tims Schwanz. Und als dieser mich später von hinten fickte, konnte ich gleichzeitig Franks Schwanz blasen. Ich war wirklich gefordert. Das alles war so entspannt und gleichzeitig aufregend. Als beide nebeneinander auf dem Rücken lagen, kniete ich mich zwischen sie – in jeder Hand einen Schwanz. Ich ging dazu über, jeweils ihre Eier mit meinen Händen zu streicheln, forderte sie dazu auf, ihre Schwänze zu wichsen und abzuspritzen. Ich spürte mit meinen Händen, wie sich ihre Eier zusammenzogen, und konnte sehen, wie sie sich beide in ihrem eigenen Rhythmus bewegten. Sie kamen fast gleichzeitig und stöhnten laut auf. Oh, wie ich es liebe, einem Mann dabei zuzuhören, wie er geräuschvoll kommt. Und zwei erst …

Wir lagen noch ein paar Minuten da und kosteten die Situation aus, aber irgendwie wusste nach dieser intensiven Begegnung keiner so recht, was er sagen sollte. Tim und ich waren von alldem völlig high. Der Abend hat uns extrem viel Sicherheit gegeben, und wir haben gemerkt: Wenn wir gemeinsam auf was Lust haben, es sich gut anfühlt und wir in Verbindung bleiben und aneinander denken, dann sind unsere Möglichkeiten riesig. Dieser Abend hat uns gezeigt, dass wir unsere eigenen Maßstäbe setzen können, dürfen und müssen.

Wir waren angefixt. In den nächsten Wochen passierte unfassbar viel. Wir trafen Frank noch häufiger, wir wagten uns doch noch ein paarmal in den Swingerclub, wir hatten unser erstes Date mit einem anderen Paar – und ließen uns fallen in dem unvergleichlichen Gefühl, befreit zu sein.

# Die Bettflüsterin entsteht

Eines Morgens, nachdem wir uns das erste Mal mit Mario und Anne – einem Paar, das wir kürzlich kennengelernt hatten – eine heiße, lustige, wilde und leidenschaftliche Nacht verbracht hatten, beschloss ich, von nun an über unsere Erfahrungen zu schreiben. Ich hatte in der letzten Nacht das erste Mal die Brüste einer anderen Frau berührt. Ich hatte sie geleckt, die Männer haben uns zugesehen. Wir haben geknutscht und hatten unfassbar viel Spaß. Es war leicht und wild und entspannt und herrlich gewesen, eine echte Befreiung. Und als ich dann morgens so im Bett lag und versuchte, all das zu verarbeiten, zu begreifen und einzuordnen, wie gut das gerade alles lief, da hatte ich das Gefühl, dass all die Geschichten und Erlebnisse dringend rausmussten. Ich lag eine Weile wach. Mit Social Media und Blogs kannte ich mich schon ein bisschen aus. Ich liebe das Schreiben und hatte schon länger nach einem Thema gesucht, über das ich bloggen könnte.

Und an diesem Morgen wurde mir klar, was mein Thema sein würde: Die Entwicklungen in unserer Beziehung waren so intensiv, dass ich sie nicht nur für mich allein erleben, sondern andere daran teilhaben lassen wollte. Ich nahm mein Handy, und während Tim noch neben mir schnarchte, sicherte ich mir meine Domain: www.bettfluesterin.de Geschichten von der Bettkante. Ich hatte einen Namen ausgesucht, der mir gefiel, der zeigte, dass es nur meine eigene Sicht ist und kein neutrales Onlinemagazin, und ich hatte natürlich gleich noch gecheckt, ob die Namen auf Twitter und Instagram noch frei waren. Als ich Bettflüsterin auf Twitter eintippte, fiel mir blöderweise nicht auf, dass aus dem „ü" kein „ue", sondern ein „u" wurde. Ein paar Wochen und ungefähr 100 Follower später habe ich es bemerkt, wollte aber nicht noch einmal bei null anfangen. Hätte ich damals geahnt, wo der Account wenige Jahre später stehen würde, hätte ich es sicher noch angepasst. Aber so ist es nun: Mein Account auf Twitter heißt bis heute Bettflusterin statt Bettflüsterin. Mittlerweile finde ich es auch ganz charmant, und vor allem: Die Leute finden mich, so oder so! Tim jedenfalls schlief noch immer neben mir. Ich hatte Annes Parfüm noch in der Nase und ließ all die Erinnerungen von letzter Nacht noch mal in mein Gedächtnis kommen. Und so war das mein erster Tweet: „Das erste Mal die Brüste einer anderen Frau anfassen, das erste Mal sie schmecken und lecken. Wie anders küssen mit ihr ist ... Gut, dass ich mich das endlich getraut habe. Ich will das wieder. Unbedingt." Ich war erleichtert. Ich hatte so sehr den Wunsch gehabt, meine Erlebnisse endlich jemandem erzählen zu können. Und jetzt war der erste Post raus. Auch wenn ihn „nur" eine Handvoll Fremde lesen konnten. Aber ich hatte es verschriftlichen und loswerden können. Das tat gut. Der Anfang war gemacht, nun würden viele weitere Schritte folgen.

Ich erlebte in dieser Zeit so viele Dinge, die mein Leben völlig auf den Kopf stellten, und der Twitter Account war ein wichtiges Ventil für mich. Ich hatte vorher versucht, dieses traumatische Erlebnis im Auto zu vergessen. Dabei wurde mir jetzt klarer als je zuvor, welch großes Entwicklungspotenzial in all dem steckte. Ich schrieb auf Twitter über meine persönliche Entwicklung und teilte meine sexuelle Energie. Ich hatte dort schnell immer mehr Menschen um mich, die auch über Sex und Persönlichkeitsentwicklung schrieben und darüber reflektierten, die mir das Gefühl gaben, dass ich nicht seltsam bin mit meinen Bedürfnissen und Erlebnissen. Und da waren auch viele, von deren Erfahrungen ich lernen konnte. Der Account tat mir gut, weil ich das Gefühl hatte, ich würde all das gerne mit anderen teilen, die mich auch verstanden. Ich wollte das alles mit Menschen besprechen, die es auch hören wollten.

„Du hättest auch mit mir drüber reden können", sagte Sina in diesem Moment leicht beleidigt. Aber ich widersprach. Sina hatte ich schon hier und da von Dreiern oder Ähnlichem erzählt. Aber so richtig tief diskutieren konnte und wollte ich das mit meiner Freundin nicht. Da geht es ja auch viel um Selbstoffenbarung.

„Und die Nacktbilder hättest du bestimmt nicht sehen wollen", sagte ich grinsend.

„Nein! Wirklich nicht." Sina lachte. „Ich kann mich noch gut an die Zeit erinnern. Damals hast du auch mit Sport angefangen. Du hast plötzlich so von innen heraus gestrahlt. Man hat richtig gemerkt, wie du dich rundum verändert hast", ergänzt sie nachdenklich.

# Mein neues körpergefühl

Ja, tatsächlich war das so gewesen. Ich liebte es, online zu flirten. Es war fast, als hätte ich etwas wiederentdeckt, das unfassbar lang in mir verborgen gewesen und regelrecht verkümmert war. Ich sah insbesondere auf Twitter Fotos dieser vielen Frauen mit total unterschiedlichen Körpern und verschiedenen Ausstrahlungen. Kreative Aufnahmen von Menschen, die mit sich offenbar im Reinen waren. Das inspirierte mich. Ich wollte mich auch so in Szene setzen. Mein Kopf war voller Ideen. Die ersten Fotoversuche mit Tims Hemd damals hatten mir schon ein gutes Gefühl gegeben. Nun wollte ich mehr davon. Ich fotografierte mich und nahm dabei jeden Teil meines Körpers aufmerksam und intensiv wahr. Ganz besonders die Parts, über die ich sonst schnell hinweggesehen hatte. Ich liebe meine Schultern und diesen einen Muskel auf ihrer Vorderseite. Ich mag meine Knöchel und meine sehnigen Unterarme, und bald lernte ich auch meinen durchs

Training immer runder werdenden Arsch zu lieben. Ich begann mich mit den Vorzügen und Schwachstellen meines Körpers auseinanderzusetzen, nahm meinen Körper schrittweise immer wichtiger. Ich wollte mich um ihn kümmern und mehr dem Bild entsprechen, was ich tief im Inneren von mir selbst hatte, das mein Fokus auf die Mutterrolle aber zunehmend verdeckt hatte. Ich nahm mir aktiv Zeit für mich, begann, mich gesünder zu ernähren, Sport zu treiben und wirklich auf mich zu achten.

Es dauerte nur wenige Wochen, da gelang es mir nicht nur, mich immer besser vor der Kamera in Szene zu setzen, sondern die Bemühungen um meinen Körper waren auch nach außen sichtbar. Der achtsame Umgang mit mir selbst und der verhältnismäßig viele Sport zeigten Wirkung. Das motivierte mich weiter. Ich war wie beflügelt. Ja, mein Körper war nicht mehr der einer 20-Jährigen – logisch. Da sind in meinen Augen viele Makel, aber ich konnte sie plötzlich leichter annehmen. Und ich mag, wie man an meinem Körper auch mein Leben ablesen kann. Mein Körper und ich stehen uns jetzt sogar näher als mit 20. Beim Sport wurden wir wieder Freunde, mein Äußeres spiegelte auch meine innere Entwicklung wider. Ich liebte alles daran. Meine Brüste waren jetzt zwar deutlich kleiner und mein Bauch immer noch faltig, aber das war nicht mehr so wichtig. Ich fühlte mich gut. Als ich mal wieder mit meinen Kindern Eis essen ging, dachte ich beim Gang an den Schaufenstern vorbei – mit energischem Schritt, geradem Rücken und zusammenpassenden Klamotten – an unseren Ausflug vor wenigen Wochen. Als ich mich noch mit zerzaustem Dutt, müden Augen und fleckigem Shirt kaum selbst erkannt habe. Das kam mir in dem Moment so lange her vor und zeigte vor allem eins: Ich war mit mir im Reinen. Besonders spannend an der Sache: Als ich mit Frank mal über meine äußere Entwicklung gesprochen habe, hat er zugegeben, dass ich ihm am Anfang mit weicherer Silhouette besser gefallen hatte. Überraschenderweise hat mich das gar nicht aus dem Konzept gebracht. Ich spürte, dass mir mein neues Körpergefühl total guttat. Mir. Ich tat das nicht für jemand anderen, sondern um meinem eigenen Selbstbild gerecht zu werden. Schon damals erkannte ich: Irgendwas am eigenen Körper für jemand anderen zu verändern, vielleicht sogar, weil man glaubt, einem anderen Menschen so besser zu gefallen, führt auf den Holzweg. Geschmäcker sind so verschieden wie die Menschen selbst. Das Einzige, was zählt: dass ich mich selbst gut fühle.

Ich genoss die vielen Komplimente, die ich für meine Fotos auf Twitter bekam. Meine Follower und auch Menschen, denen ich folge, haben einen enorm wichtigen Anteil an meiner Entwicklung. Während wir alle vor zehn Jahren noch umgeben waren von perfekten Modelbildern, können wir uns heute in den Sozialen Medien die ganze Bandbreite verschiedenster Erscheinungsformen ansehen und sie uns auch ein Stück weit zum Vorbild machen. Ich erkannte schnell: Körper müssen nicht makellos sein, um gezeigt werden zu dürfen. Erotische Ausstrahlung hat wenig damit zu tun, wie sehr der gezeigte Körper einem vermeintlichen Ideal entspricht. Ich liebte diese Erkenntnis. Ich musste mich gar nicht mit Shakira messen. Ich konnte einfach sein und aussehen, wie ich wollte, konnte mich ganz neu in dieser leidenschaftlichen Rolle entdecken. Auf

Twitter teilte ich meine Bilder, aber vor allem auch meine Gefühle und Gedanken. Ich konnte mich öffnen. Ich arbeitete in meinen Posts auf, wie sich unsere Beziehung wandelte und mit welchen Schwierigkeiten ich und wir dabei zu kämpfen hatten. Ich offenbarte mein Innerstes, konnte mich verletzlich zeigen und mich gleichzeitig neu erfinden. All das vielleicht gerade, weil ich dort nach wie vor anonym unterwegs bin. Ich konnte meine Sexualität ganz für sich allein genommen entwickeln, ohne dass es mein Real Life tangiert hätte. Ich erzählte Geschichten quasi von unserer Bettkante: vom Sex mit Frank, von den Paardates und meiner inneren Veränderung. Ich wollte immer mehr von mir zeigen und meine frisch entdeckte Sexualität mit Menschen teilen. Der Beginn meiner sexuellen Revolution.

Ich weiß bei Twitter und generell in Sozialen Medien jeden zu schätzen, der sich mit mir über meine Entwicklung freut. Viele haben aktiv Anteil daran, einige haben mir, ohne es vermutlich selbst zu wissen, sehr geholfen, und andere konnte ich vermutlich inspirieren. Es ging auf meinem Kanal nie um plumpe Zurschaustellung von Sexualität. Stattdessen schauen die Menschen, die mir folgen, hinter die Fassade.

Bald schrieb mich das erste Mal ein Mann an mit dem klaren Wunsch nach Sexting. Ich musste erst mal googeln, was das überhaupt bedeutete (wie vieles andere in dieser Zeit). Und lehnte ab. Mit einem wildfremden Kerl aus dem Internet schriftlich Fantasien austauschen und dadurch einander anheizen: War das wirklich ein Thema? Taten das Menschen, sich gegenseitig sexy Nachrichten schicken? Vielleicht war ich ein bisschen naiv, kann schon sein. Ich hatte natürlich von Telefonsex schon mal gehört und wusste auch, dass es viele Menschen mögen, beim Videochat zu masturbieren. Aber beim Schreiben? Nach und nach bekam ich aber so viele Anfragen für Sexting, dass ich mittlerweile zu der Überzeugung gelangt bin, dass das gar kein Nischenthema ist, sondern das echt viele Menschen mögen.

## HOT FACT

**Sexten ist eine Mischung aus „Sex" und „texten". Man versteht darunter das gegenseitige Anheizen mit Worten. Dazu teilt man zum Beispiel seine Fantasien oder beschreibt, was man gerade tut. Häufig wird gleichzeitig masturbiert.**

# Write me, Baby, one more time

Ich denke gerne an Ivar zurück, der mir mal ganz unschuldig auf einen meiner Tweets geantwortet hat. Daran war nichts Besonderes. Das taten viele. Er fragte mich um Rat und bewunderte meinen offenen Umgang mit dem Thema Sex und meine klaren Gedanken. Er schrieb zurückhaltend, höflich – und dann begann er immer anzüglicher zu werden. Ich genoss das. Aber ich war ehrlich gesagt auch etwas überfordert. Es versetzte mich zurück zu damals, als meine Schreiberei schließlich dazu führte, dass ich mit Spermaflecken auf dem Kleid im Auto eines Fremden endete. Doch tatsächlich war es mit Ivar ganz anders, das wurde schnell klar. Wir hatten kein Machtgefälle – beziehungsweise eher eins in die andere Richtung. Er schaute zu mir auf. Und dann – ganz zaghaft – schrieb er mir seine Fantasien. Zurückhaltend und so, dass ich in der stärkeren Position war. Das berührte mich: Da war dieser völlig fremde Mann am anderen Ende Deutschlands, der es liebte, seine Fantasien für mich aufzuschreiben. Dass er da saß, an mich dachte, daran, was er sich mit mir wünschte, es aufschrieb und sich vermutlich dazu einen runterholte, hat eine Erregung in mir ausgelöst, die ich bis dahin nicht kannte. Ich spürte durch seine Worte, wie sehr er mich begehrte. Das gefiel mir. Mit der Zeit konnte ich sogar etwas einsteigen.

Ich weiß noch genau, dass ich mich ein bisschen geschämt habe, als mich seine Zeilen das erste Mal wirklich erregten. Wie ein aufgeschriebener Porno, der Bilder in meinem Kopf entstehen ließen. Ivar hatte mir in der letzten Nacht mal wieder eine seiner erotischen Fantasien erzählt, davon, wie er mit einer Frau in der Sauna ist und ein anderes Paar dazukommt. Aber an diesem Morgen war es anders als sonst: Wir waren gleichzeitig online, und ich konnte in meinen Antworten auf seine Nachrichten immer wieder entscheiden, was als Nächstes passieren sollte. Das war nicht mehr nur eine Geschichte. Nicht mehr nur ein Porno zum Lesen, sondern ich konnte tatsächlich das Geschehen mitsteuern. Es entwickelte sich eine interaktive erotische Geschichte, die ich selbst mitschreiben konnte.

Seine Schilderung war so heiß und detailreich, dass ich wirklich feucht geworden bin. Er schrieb mir, wie ich in der Sauna säße und er sich in die Nähe setzen würde. Wir wären ganz alleine, und ich würde beginnen, es mir selbst zu machen, und er würde zusehen. Beim Lesen fing ich an, mich selbst zu berühren. Ich schrieb, was ich tat: Wie ich die weiche Haut rund um meine Pussy langsam streichelte, wie sich meine steifen Nippel anfühlten und auch, wie feucht ich war. Ich genoss es zu lesen, wie er seinen steifen

Schwanz rausholte und wichste. Und ich konnte es kaum erwarten zu erfahren, wie die Geschichte weiterging. An diesem Tag habe ich den Reiz von Sexting verstanden. Was für ein großer Markt das war, wie sehr ich es einmal lieben würde, später selbst Geschichten zu erzählen, und dass Sexting ein wichtiges Standbein meines Business werden würde, das ahnte ich damals noch nicht.

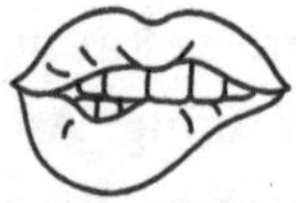

# Hit me, baby, one more time

Während ich Spaß dabei hatte, mich online auszutauschen und anzuheizen, fingen Tim und ich im Real Life unabhängig voneinander an, auch andere Personen zu daten. Das war ein riesiger Schritt für uns, der unfassbar viel Vertrauen und aktive Arbeit an der Beziehung erforderte. Gleichzeitig war dieser Schritt auch eine ganz logische Konsequenz aus den vorherigen. Nachdem es uns beiden bei Paardates und all den anderen Erlebnissen so viel Spaß gemacht hatte, fragten wir uns, ob es uns gegenseitig auch anmachen würde, wenn wir nicht alles sehen würden. Vielleicht würde es Tim ja gefallen, wenn jemand anderes mich fickte, ohne dass er dabei war. Wie wäre es wohl, wenn wir voneinander wüssten was passiert, aber eben nur ungefähr? Wie würde es sich anfühlen, zu Hause zu warten und zu wissen, dass der andere grade Sex hatte? Abbrechen unmöglich. Das war wirklich spannend für uns. Die Fantasie war überragend. Und nachdem all die anderen kleinen Schritte so gut gelaufen waren, trauten wir uns schließlich.

Ich traf als Erstes jemanden: Fred. Fred kannte ich schon ein paar Jahre als Arzt. Erst war unser Umgang professionell und rein medizinisch, doch mit der Zeit entstand eine Art Freundschaft. Als mein Sohn mal häufiger krank war, konnte ich ihn jederzeit anrufen. Tat ich auch. Wenn ich mir Sorgen machte, hörte er zu. Wenn ich unsicher war, gab er mir Halt. Das war wirklich schön. Und dann näherten Fred und ich uns an. Er folgte mir auf Instagram, fing an, meine Stories zu liken und zu kommentieren, und es wurde immer privater. Er schwärmte von meinem Lächeln, und nach und nach kamen wir uns online immer näher. Tim und ich tauschten uns intensiv darüber aus. Ich vertraute mir selbst noch nicht so recht. Ich weiß ja, wie ich da bin: Wenn ich jemanden mag, will ich, dass es ihm gut geht. Bis ich mal Nein sage, dauert es lang. Doch dieser Mann war so wenig fordernd, so zurückhaltend und so unsicher mit der Gesamtsituation, dass ich eindeutig diejenige von uns war, die die Zügel in der Hand hatte. Fred war ein toller Mann, aber eben auch recht schüchtern und ein bisschen verklemmt. Ich fühlte mich wohl in dieser starken Position. Wir fingen also an, immer privater und intimer zu chatten. Tim konnte alles mitlesen. Das wollte ich so. Ich brauchte ihn in dieser Zeit extrem als meinen inneren Kompass. Es war wichtig, dass wir beide keine Geheimnisse voreinander hatten. Und dann haben Fred und ich uns tatsächlich verabredet, ich sollte zu ihm kommen. Tim und ich hatten lange geredet, ausgemacht, dass ich nach zwei Stunden wieder verschwinden würde.

Wir haben versucht, Details zum Ablauf zu vereinbaren. Es war klar, dass wir Sex haben würden, dass ich das Zepter in der Hand haben wollte und dass ich auf zu viel Kuscheln lieber verzichten sollte. Die Vorstellung von mir und Sex mit einem anderen Mann fand Tim toll, aber zu viel Innigkeit wollte er nicht. Das hätte ihn eifersüchtig gemacht. Händchen halten, rumknutschen und romantischer Schnickschnack waren also tabu. Auf der Hinfahrt haben wir noch mal telefoniert. Tim wollte so gut es ging involviert sein, und mir gab die enge Connection mit Tim Sicherheit.

Fred dagegen war so unfassbar unsicher. Er hatte es total gemütlich gemacht. Mit Kerzen und Blumen. Es lief ruhige Musik im Hintergrund, und Fred war frisch geduscht und roch gut. Als er auf der Couch Platz nahm, setzte ich mich zu ihm. Wir wussten nicht recht, was wir reden sollten. Sonst hatten wir manchmal ewig telefoniert, und jetzt fiel uns kaum was ein. Also machte ich den ersten Schritt, beugte mich zu ihm und küsste ihn. Erst ganz zaghaft und dann immer fordernder. Seine Zunge war warm und sanft. Ihm entfuhr ein kleines Stöhnen. Dann setzte ich mich auf seinen Schoß. Wir küssten uns weiter, und ich begann mich langsam zu bewegen und sanft über seinen Schwanz zu reiben. „Ich hab das schon ewig nicht mehr gemacht“, flüsterte er mir etwas beschämt zu. „Willst du es denn?“, fragte ich. „Du weißt gar nicht, wie sehr“, raunte er, und ich fühlte, wie sich ein wohliger Schauer in mir ausbreitete. Ich zog mein Oberteil aus, und wir küssten uns weiter. Als ich seinen Schwanz immer deutlicher spürte, zogen wir uns weiter aus, und ich holte ein Kondom aus meiner Tasche.

Ich zog es mit meinen Händen sanft über seinen harten Schwanz und musste grinsen, weil ich gerade das Zepter im wahrsten Sinne des Wortes in der Hand hielt. Ich setzte mich genüsslich und langsam auf seinen Schwanz, nahm ihn tief in mir auf. Ich bewegte mich vorsichtig und beobachtete jede seiner Reaktionen. Ich fickte ihn so zärtlich, wie ich es liebe, und kostete jede einzelne Bewegung aus. Noch nie zuvor hatte ich Sex in dieser starken Position gehabt. Er küsste und streichelte meine Brüste. Er betrachtete mich mit so viel Ehrfurcht, dass ich mich wie eine Göttin fühlte. Ich war glücklich. Der Akt dauerte nur wenige Minuten, obwohl ich extra langsam gemacht hatte. Er entschuldigte sich, weil es so schnell gegangen war, und hatte Angst, mich enttäuscht zu haben. Aber er ahnte ja nicht, wie viel mir dieser Sex bedeutet hatte.

Kurz danach holte Tim mich ab. Im Auto erzählte ich ihm davon, wie es gewesen war. Wie ich meine starke Rolle ausgefüllt hatte. Dieses Erlebnis läutete einen gewaltigen Paradigmenwechsel ein, meine Rolle beim Sex änderte sich von da ab. Auch wenn es noch einige Schritte brauchte, um da hinzukommen, wo ich jetzt bin, und es durchaus noch Rückschläge geben sollte: Ein Anfang war gemacht. Es ging bei diesem ersten Mal Sex mit Fred nicht mehr so sehr darum, meine Grenzen zu wahren. Zumindest nicht nur. Es ging darum, dass ich mitbestimmen und lenken konnte und nicht nur reagierte. Für mich war das eine Offenbarung. Wenn ich früher – vor meiner Beziehung mit Tim – Sex hatte, dann war ich gefühlt immer in der Rolle der Person, die erobert worden war. Der Mann war jeweils der Macher gewesen. Ich kannte das nur so. Auch meine Freundinnen hatten auf diese Weise Sex gehabt: Wir fickten nicht, wir wurden gefickt. Wir hatten nie gelernt, beim Sex das Ruder zu übernehmen. Ich liebte Sex schon vor meiner Beziehung mit Tim. Ich genoss Sex. Aber ich habe mich dabei immer treiben lassen, statt aktiv zu entscheiden und voranzugehen. Nun war es so weit: Ich war es, die führte.

Die weitere Entwicklung war nicht immer einfach – ganz und gar nicht, aber mein wachsender Fokus auf mich selbst beim Sex hat auf jeden Fall die folgende Zeit bunter und aufregender gemacht. Zwischen mir und Fred lief es noch einige Zeit ganz gut. Wir verstanden uns toll, im Alltagsleben hat er mir oft Zuspruch und Rat gegeben. Bei sexuellen Dingen war ich die treibende Kraft. Ich spürte mit ihm eine Augenhöhe, die wirklich schön war. Wir hatten noch ein weiteres Treffen, haben unzählige Nachrichten geschrieben und ab und an telefoniert. Meine Gefühlswelt damals war für mich neu, und mich überwältigte das, was ich seit Jahren nicht gefühlt hatte: New Relationship Energy.

### HOT FACT

**New Relationship Energy – kurz NRE – ist das kribbelige Gefühl, das Menschen am Anfang einer Verbindung haben. Gar nicht selten wird das als Verliebtheit (fehl-) interpretiert.**

Ich lernte erst später über Twitter, dass man das so nennen kann. Tatsächlich hatte ich auf eine Art das Gefühl, verliebt zu sein. Er war es ohnehin. Heute weiß ich, dass es der

Zauber des Anfangs ist: diese ersten Treffen, bei denen man sich gegenseitig erkundet, dieses neugierige Interesse aneinander, die Nettigkeiten, das viele Aneinanderdenken. Das alles ist wirklich zauberhaft. Und am Anfang ganz normal. Worin ich verliebt war, war jedoch nicht er selbst. Ich war verliebt in das Gefühl, das er mir gab. Ich war geschmeichelt von ihm und berührt von meiner eigenen neu entdeckten Stärke. Ich weiß, dass sich viele Paare trennen, wenn einer von ihnen mit einer anderen Person solche Gefühle erlebt. Tim und ich zum Glück nicht. Auch wenn es für ihn gar nicht leicht war, das so zu beobachten. Für uns beide war die Situation neu. Am Ende jedenfalls ist meine Beziehung zu Fred an verschiedenen Dingen gescheitert. Tim und ich waren damals noch nicht wirklich so weit, dass eine dauerhafte weitere Person in unserer Beziehung Platz hatte. Und zum Zweiten hat Fred unsere Beziehung auch nicht richtig verstanden. Wie sich schnell herausstellte, dachte Fred, ich würde mich von Tim trennen und künftig mit ihm leben. Doch das war für mich nie eine Option. Ich hatte ihm zwar von der offenen Beziehung und Tim erzählt, aber er hatte offenbar nur sehr selektiv zugehört. Als Fred erfuhr, dass ich natürlich noch ganz normal mit Tim zusammen war und auch mit ihm schlief, brach er den Kontakt zu mir Hals über Kopf ab. Offenbar war es mir nicht gelungen, richtig zu kommunizieren. Jedenfalls ist das Konstrukt mit Streit, vielen Tränen und großen Verletzungen gescheitert. Ich war traurig. Nicht nur darum, dass es nicht geklappt hatte, sondern auch weil ich einen Menschen als Freund verloren hatte, der mir wirklich am Herzen lag. Das sollte mir nicht wieder passieren. In zwei Extremen waren bislang Verbindungen im Real

Life mit großem Schmerz gescheitert. Mir wurde immer klarer: Wenn ich Drama und Verletzungen vermeiden wollte, dann tut es mir besser, Menschen ohne Bezug zu meinem Real Life und damit online kennenzulernen.

# Ein Sommer voller Dates

Unsere Beziehung hat sich in dieser Zeit nun also weiterentwickelt, und wir dateten bald regelmäßig getrennt andere Menschen.

In der Regel lernten wir neue Leute über Tinder kennen. Die ersten Verbindungen hatten wir noch über den Joyclub. Aber Tinder löste das schnell ab. Tim war zuerst auf der Plattform angemeldet. Es dauerte nicht lange, da lernte er Eva kennen, die ihm das Gefühl gab, begehrt zu werden. Es war gar nicht so einfach für Tim gewesen, eine Frau für so ein Arrangement zu finden. Er ist ein attraktiver, eloquenter und wunderbarer Mann – daran lag es nicht. Aber Männer haben es generell etwas schwerer, auf Datingplattformen jemanden kennenzulernen. Es suchen einfach mehr Männer nach unverbindlichem Sex, als Frauen das tun. Dass er so offen damit umging, dass er keine feste Partnerin fürs Leben suchte, sondern im Endeffekt „nur Sex“, erleichterte die Suche auch nicht. Viele potenzielle

Affären waren von unserem ehrlichen Umgang mit dem Thema abgeschreckt. Seine hohen Ansprüche taten ihr Übriges. Doch dann traf er auf Eva. Die beiden mochten die gleiche Musik, die ich hasse, sie lachten über die gleichen Witze, die ich geschmacklos finde, und sie haben offenbar eine gemeinsame Basis, die zu erfüllendem und häufigem Sex führte. Dass diese Zeit einfach gewesen wäre, kann ich nicht gerade behaupten. Tim hatte mit Eva eine tolle Liebhaberin/Freundin gefunden. Ihm tat das von Anfang an sehr gut. Mir nicht. Die ersten Treffen zwischen Tim und Eva forderten mir unfassbar viel ab. Der Unterschied zwischen meinen Dates und seinen Dates ist, dass es ihn häufig anmacht, sich vorzustellen, wie ich Sex mit jemand anderem habe. Mich dagegen macht es überhaupt nicht an, wenn er mit jemand anderem schläft. Trotzdem wollte ich es schaffen, einen positiven Zugang dazu zu gewinnen. Ich wollte nicht, dass unser Arrangement daran scheitert, dass ich etwas, das ich rational wollte, emotional nicht aushielt. Es wäre mir wie ein Scheitern vorgekommen. Wenn Tim sich mit Eva traf, war ich meistens zu Hause und hab auf die Kinder aufgepasst. Ich wusste, ich wollte diese Art der Beziehung unbedingt, die Öffnung tat uns beiden gut, sie ließ uns aneinander wachsen. Mir ging es prinzipiell gut, doch die Eifersucht nagte schwer an mir. Als er mit ihr ein Picknick machte und die beiden im Wald auf der Decke Sex hatten, war ich stinksauer und enttäuscht. Ich hasste es, wie er ihre Nachrichten las, mich nervte es, wie er sich auf Treffen mit ihr freute, und ich fand es sogar furchtbar, wie sehr er sich um mich bemühte, mich einbezog und alles tat, damit es mir gut ging. Ich hatte dauernd das Gefühl, er bemühe sich nur, damit ich ihretwegen nicht traurig oder sauer war. Er konnte es nicht richtig machen. Ich war einfach verletzt. „Soll ich es beenden? Ich muss mich nicht mit ihr treffen. Du und wir sind 1000 Mal wichtiger", hat er betont. Und unter Tränen beteuerte ich, wie sehr ich es wollte. Ich wollte nicht, dass er meinetwegen nicht zu ihr ging. Gleichzeitig tat es mir gut zu wissen, dass er zu Hause bleiben würde, wenn ich es wollte. Während er es Eva besorgte, versorgte ich die Kinder und konnte mich gut ablenken. Wenn die Kids im Bett waren, wartete ich auf seine Rückkehr. Beim Gedanken daran, wie Tim und Eva gerade miteinander schliefen, dachte ich, mein Herz würde zerspringen. Ich konnte an Abenden wie diesen nicht aufhören zu weinen und fühlte mich machtlos. Wenn er nach Hause kam, konnte ich ihn in meiner Nähe nicht ertragen. Gleichzeitig fühlte ich mich stark und frei. Es tat mir gut, das auszuhalten. Ich habe in diesen Tagen oft an meine Oma gedacht: „Im Leben wird nie das Beginnen belohnt, sondern immer das Durchhalten", hat sie früher immer gesagt. Ich bin mir sicher, dass sie damit nicht gemeint hat, dass ich es aushalten sollte, wenn mein Mann grade eine andere Frau beglückt, sie hatte mich wohl eher zum nervigen Üben irgendwelcher Musikstücke motivieren wollen. Aber ich habe es an dieser Stelle einfach mal so uminterpretiert.

„Da muss ich mal einhaken", sagte Sina. „Du klingst so unfassbar verbittert. Es ging dir so schlecht. Ich weiß noch, dass ich dich damals ein paarmal getröstet habe. Und ich muss dich heute das Gleiche fragen wie damals: Lohnt sich das wirklich? Ihr habt ja eure Beziehung aufs Spiel gesetzt. Muss das sein? Wenn da so viele Verletzungen dabei sind?

Und mit etwas Abstand: Kann das wieder heilen? Und was ist, wenn er sich in sie verliebt?"

Damals hatte ich das alles noch nicht so genau erklären können. Jetzt, mit Abstand und viel Reflexion der letzten Jahre, konnte ich meine Gedanken sortieren: Ich fühlte und fühle mich in Summe wohl und richtig mit der Entscheidung, getrennt zu daten. Und mir war immer klar gewesen, dass da auch Verletzungen dazugehörten. Doch ich sah mich nicht als Opfer dieser Verletzungen, sondern konnte sie erhobenen Hauptes und dankbar annehmen. Das ist ein himmelweiter Unterschied dazu, stillschweigend hintergangen zu werden. Ich war kein Opfer. Ich hatte das selbst gewählt und die Geschehnisse in der Hand. An manchen Abenden fühlte ich mich als Opfer, weil es der einfachste Weg ist, damit umzugehen. Aber schrittweise habe ich es aus dieser Rolle rausgeschafft. Das war nicht einfach, aber ich hatte es angefangen, und es wäre mir wie eine Niederlage vorgekommen, wenn ich abgebrochen hätte. Ich spürte, dass es das Richtige für mich war. Wenn ich die offene Beziehung, diese Freiheit, das Sich-füreinander-Freuen, das Aufregende wollte, dann gehörten eben auch diese paar negativen Gefühle dazu. Natürlich hatte ich manchmal Angst, Tim würde mich verlassen. Dass er sich in Eva verlieben und mich dann sitzenlassen würde. Und natürlich hätte das auch passieren können. Theoretisch. Aber wenn ich mal wirklich rational an die Sache ranging: Man kann sich immer und überall neu verlieben. Morgens beim Bäcker in den Kerl vor dir an der Schlange oder auf der Arbeit in die neue Kollegin. Dass die Gefahr des sich neu Verliebens durch Sex steigen würde, glaube ich eher nicht. Denn wenn man sich zum ersten Mal trifft, sieht man oft nur das Gute im anderen. Gerade wenn es verboten ist, heizt das doch oft die Gefühle noch mehr an. Ein ehrliches Kennenlernen, bei dem die Absichten klar sind, entzaubert auch irgendwie. Und schließlich machte ich mir auch klar, dass Tim ziemlich dumm wäre, nur wegen ein paar Schmetterlingen im Bauch unsere Beziehung über Bord zu werfen. Ich machte mir klar, dass das, was ich fühlte, ein großer Cocktail an Gefühlen war. Missgunst und Neid waren Teil davon. Und die wollte ich ausschalten. Und wie schaltet man Neid am besten aus? Indem man selbst dafür sorgt, dass man in gewisser Weise wieder gleichauf ist.

Schrittweise konnte ich mich also für Tim freuen. Ich hatte in dieser Zeit ein paar aufregende Dates. Einmal traf ich einen Arzt, und Tim zog mich schon auf, ich solle nicht wieder ein Ärzteherz brechen, schließlich waren auch der Mann im Auto und Fred Ärzte gewesen. Offenbar habe ich da eine gewisse Schwäche, das muss ich zugeben. Jedenfalls zog mich Tim damit auf, dass bald keine Mediziner übrig wären, zu denen wir gehen könnten, wenn sie alle ein Kiki-Trauma hätten. Ich gab Christoph mitten im Park unter einer Decke einen Handjob und beobachtete sein Gesicht genau beim Orgasmus. Ein anderes Mal traf ich mich mit einem Date im Wald, und nachdem er mich im Stehen geleckt hatte, fickte er mich an den Baum gelehnt. Wir stellten – ohne dass er es wusste – eine der Lieblingsfantasien von Tim nach, die ich ihm früher immer erzählt hatte. Ich knutschte wild im Auto mit einem Mann, dessen Namen ich nicht mal kannte, und flirtete, so viel ich Lust hatte. Die Männer, die ich traf, hätten unterschiedlicher nicht sein können. Einer war klein, hatte einen Bauchansatz und einen grau melierten Vollbart, ein anderer, ein durchtrainierter 21-jähriger Sportstudent, war superfit, und Sex mit ihm war wie eine Trainingseinheit. Einer lud mich in teure Restaurants und in die Oper ein, und mit einem anderen verbrachte ich einen ganzen Tag knutschend am See. Ich liebte es, mich auf diese ganz unterschiedlichen Männer einzustellen, und hatte mit jedem von ihnen auf seine eigene Weise meine Freude. Eine längere Liaison wurde es aber mit keinem, schließlich muss da wirklich viel passen: Man muss sich mögen und einander heiß finden, und vor allem müssen die Vorstellungen zusammenpassen. Und kaum ein Mann, den ich getroffen habe, wollte diese Rolle einnehmen, die ich gar nicht näher definieren kann.

Wenn ich möglichen neuen Dates von der offenen Beziehung mit Tim erzählte, dann kam meistens wie aus der Pistole geschossen die Frage: „Was fehlt dir denn zu Hause?" Menschen, die von der Öffnung der Beziehung hörten, setzten unheimlich oft voraus, dass zwischen uns etwas nicht im Einklang war. Aber das war kein bisschen so. Wir liebten es einfach, Grenzen zu überschreiten, unsere Leidenschaft gemeinsam weiterzuentwickeln, und wir freuten uns miteinander über diesen neu entdeckten leidenschaftlichen Flow. Wir hatten überhaupt nicht das Gefühl, uns würde beieinander etwas fehlen. Wobei: ein bisschen vielleicht diese kribbelnde New Relation Energy. Nachdem ich einmal nach diesen vielen Jahren davon genascht hatte, wollte ich dieses Gefühl immer wieder haben.

Diese Aufregung vor dem ersten Kuss oder wenn du einen anderen Körper entdeckst, die Bestätigung, die im Bemühen anderer Personen um einen liegt, die Unsicherheit, das Warten auf Nachrichten: Diese Art von Anfangszauber konnten wir einander nach 15 gemeinsamen Jahren kaum mehr geben. Aber wir konnten uns gemeinsam darüber freuen, dass all diese wunderbaren Hochgefühle jetzt wieder da waren. Auch wenn wir dazu neue Impulse von Menschen außerhalb unserer Beziehung nutzten. Wir teilten einfach alles miteinander. Wir ließen uns gegenseitig die Nachrichten lesen und erzählten einander haarklein, was passierte. So hatte keiner von uns das Gefühl, ausgeschlossen zu sein. In Summe war dieser Umgang für uns am Anfang genau richtig. Auch wenn er natürlich auch zu vielen Verletzungen führte. Denn es ist einfach etwas völlig anderes, ob man weiß, dass sein Mann online mit jemandem flirtet oder ob man es tatsächlich nachliest. Das hat mich nicht nur einmal in Tränen ausbrechen lassen. Dennoch half es uns, ein Gefühl für die Situation zu bekommen. Heute interessieren wir uns nur noch wenig für die Beziehungen des jeweils anderen. Tim sieht gerne Sexvideos von mir – das ist alles. Ansonsten will er kaum etwas wissen. Ich von ihm und Eva ohnehin nicht.

Tims Beziehung zu Eva vertiefte sich derweil. Sie trafen sich regelmäßig, und Tim begann Eva als seine Freundin zu bezeichnen. Sie ist ganz sicher mehr als eine Affäre. Aber ob dieses Konstrukt schon als polyamor gilt? Wahrscheinlich eher nicht.

## HOT FACT

**Offene Beziehung oder Polyamorie?**
**Die Grenzen zwischen einer offenen Beziehung und Polyamorie sind fließend. Eine offene Beziehung bedeutet, dass zwei Menschen, die ansonsten monogam miteinander verbunden sind, auch andere Menschen für Sex treffen. Wie die Beziehung dabei ausgestaltet ist, kann sehr verschieden sein. Polyamorie bedeutet, dass die beteiligten Personen Liebesbeziehungen zu mehreren Partnern unterhalten. Dazwischen gibt es viele Abstufungen bis hin zur Beziehungsanarchie. Nicht verwechselt werden darf Polyamorie übrigens mit Polygamie. Polygamie – also die Vielehe – ist in Deutschland verboten.**

So oder so: Für uns beide war diese Zeit extrem intensiv. Mit vielen Hochgefühlen, viel Sex, Entdeckungen, Begehren, aber auch mit Verletzungen auf beiden Seiten. Wenn Tim bei Eva war, dachte er natürlich auch daran, wie es mir zu Hause mit der Situation nun ginge. Auch für ihn waren diese Abende und die Zeiten bei ihr nicht nur voller Übermut, sondern auch herausfordernd. Wir beide mussten da erst reinwachsen.

Ein Mann, den ich damals traf, war Mike. Wenn Tim bei Eva und ich gleichzeitig bei Mike war, stand das Genießen im Vordergrund. Wenn keiner alleine zu Hause wartete, waren Tim und ich beide abgelenkt, und Eifersucht und Hochgefühl hielten sich die Waage. Mit Mike habe ich mich toll verstanden, und wir hatten ein paar wundervolle Dates. Er brachte mich zum Lachen. Es tat mir unfassbar gut, wie er mich quasi auf ein Podest stellte. Er tat alles dafür, dass es mir gut ging. Er forderte mich nicht. Ich fühlte mich sicher und so, als wäre ich die wunderbarste Frau der Welt. Das tat mir wirklich gut. Er war der einzige Mann, den ich jemals über Twitter kennengelernt und getroffen habe. Er konnte mich stundenlang berühren, er hat meine Pussy mit so viel Hingabe massiert und lag einfach ewig zwischen meinen Beinen, um meine Vulva und jeden Zentimeter daran zu erkunden. Tim liebte es, wenn ich nach meinem Date von dem Treffen mit Mike erzählte. Es machte ihn an zu hören, wie es mir gefallen hatte und wie Mike mich verwöhnt hatte. Mike und ich jedenfalls trafen uns zwei- oder dreimal. Die Fahrt war weit, und uns gefiel der Kontakt auch mit Abstand gut. Und wir verstanden es beide, auch unseren Telefonaten eine gewisse Würze zu verleihen.

# Call me, Baby, one more time

Eines Abends, mein Mann war gerade bei Eva und die Kinder schliefen längst, lag ich mit dem Telefon auf der Couch. Mike und ich haben über unser letztes Date gesprochen, und er schwärmte davon, wie gut sich meine warme Fotze angefühlt hatte. Ich sagte ihm, dass es mir gefallen hat, wie zärtlich und ausgiebig er mich berührt hatte. Er war so geschickt mit den Fingern. Wirklich. Allein beim Gedanken daran wurde mir warm. Jedenfalls sagte er: „Mach deine Hose auf und fass dich genau so an, wie du es bei mir mochtest. Mit zwei Fingern." Ich war erst ein bisschen überrumpelt. Aber dann ließ ich mich darauf ein. Ich öffnete meinen Reißverschluss und ließ zwei Finger in meine feuchte Fotze gleiten. Mein leichtes Stöhnen zeigte ihm, dass ich tat, was er mir aufgetragen hatte. Und so flüsterten wir uns gegenseitig ins Ohr, wie sich der andere berühren sollte. Erst war ich etwas zurückhaltend und tat, was er sagte, dann wurde ich immer aktiver. Ich wies ihn an, wie genau er seinen Schwanz anfassen und wie schnell er ihn wichsen sollte. Ich beschrieb ihm, wie er seine Eier mit einer Hand halten und etwas kneten sollte, so wie er es mochte. Und ich erzählte ihm, was ich gerade tat, wie genau ich mich berührte und wie es sich anfühlte. Je mehr ich in den Flow kam, desto mehr Spaß machte es mir. Und ich genoss es, wie sehr es ihm gefiel. Fast noch mehr als zuvor mit Ivar war es bei Mike so, dass ich die größte Erregung eigentlich daraus zog, wie sehr er dabei abging. Das war spannend, weil Mike ein totaler Giver war. Er legte sich auch beim Telefonieren sehr ins Zeug, um es mir so schön und erregend wie möglich zu machen. Als er geräuschvoll kam, machte mich das unfassbar an. Das war meinetwegen. Doch da war auch noch etwas anderes neben der puren Erregung: Ich war irgendwie stolz. Klingt vielleicht komisch. Aber in dem Moment hatte ich das Gefühl, dass ich etwas gefunden habe, das mich nicht nur anmacht, sondern das ich auch noch richtig gut kann. Sexting und auch so was wie das Telefondate waren für mich persönlich befriedigend und bereichernd. Und ich hatte eine innere Distanz, die es mir erlaubte, aus dem Alltag in diese Situationen zu springen. Es gibt einfach keine Nachteile oder Risiken oder Abwägungen. Online-Sex ist einfach und leicht und flexibel. Das liebe ich daran.

# Onlinedating vs. Dating im Real Life

Zu dieser Zeit war gerade Corona-Hochphase und das Dating deutlich erschwert. Wir hielten uns natürlich jeweils an die Ausgangsbeschränkungen, und viele unserer sexuellen Aktivitäten verlegten sich ins Internet. Dazu kommt: Für unsere noch junge offene Beziehung war alles, was sich online abspielte, sehr entspannt.

Datingaktivitäten dagegen waren für uns besonders in der Anfangszeit der offenen Beziehung extrem zeitintensiv. Nicht nur wegen des Dates an sich, das ja mit Kindern zu Hause und wenig freier Zeit irgendwo eingeschoben werden musste. Jede neue Dateoption bedeutete auch immer wieder: über alles reden, Grenzen abstecken, sich annähern, neu ausloten, für Sicherheit sorgen. Bei Dates im Real Life ist das natürlich extrem ressourcenintensiv. Wenn ich anfing, mit jemandem bei Tinder zu chatten, dann kam in der Regel schnell die Frage nach einem Kennenlern-Date auf. Also mussten wir uns abstimmen – kannte Tim die andere Person vielleicht? Hatte er was gegen diese Person? Wie kriegen wir das zeitlich hin? Das war mühsam und auch etwas nervig. Potenzielle Dates bekommen dadurch ein Gewicht, das sie vor dem ersten Kennenlernen eigentlich nicht haben sollten. Sich mit Menschen einfach online auszutauschen und zu flirten war da eine tolle Alternative. Solange es nicht um echte Treffen ging, interessierte sich Tim nicht dafür, mit wem und was ich da schrieb. Also begann ich noch mehr bei Twitter zu chatten und schloss dabei aber kategorisch jedes Treffen aus. Diese klare Linie erleichterte unsere Kommunikation ungemein.

So ergab sich also eine weitere Einschränkung: Ich hatte ja schon beschlossen, keine Menschen zu daten, die ich im Alltagsleben kennengelernt habe, mit denen ich also irgendeine Art von Verbindung hatte. Nun zog ich eine weitere klare Grenze bei Twitter. Mein Account war in der Zwischenzeit beträchtlich gewachsen, und ich merkte an den Nachrichten, wie die Männer, die mir schrieben, glaubten, mich zu kennen. Sie nahmen all die Informationen und die privaten Geschichten, die ich geteilt hatte, und bastelten sich daraus ihre eigene Kiki in ihren Köpfen. Das fühlte sich seltsam an. So, als ob es gar nicht um mich ginge. Zwei weitere praktische Gründe hatte es auch noch, dass ich beschloss, niemanden mehr zu treffen, der meinen Twitteraccount kannte: Ich wollte meine Anonymität bewahren und auch über Dates auf Twitter offen schreiben – ohne dass derjenige mitlesen konnte.

Meine ersten Online-Sexerfahrungen hatten mir eine Welt eröffnet, die ich vorher nicht gekannt habe. Mit Ivar war es toll gewesen, weil es sich so langsam entwickelt hatte. Mit Mike war es schön, weil wir uns auch persönlich kannten. Grundsätzlich hatte ich durchaus Lust auf Sexchats, aber ich wusste einfach nicht mit wem. Was ich jetzt sage, klingt vielleicht etwas verwöhnt und undankbar, aber diese ständige Verfügbarkeit sorgte dafür, dass ich völlig überfordert war. Wie in einer Pralinenfabrik, in der du den ganzen Tag ohne Reue essen kannst, was du willst. Oder wenn du einfach eine riesige Bibliothek an Pornos hast, die du jederzeit schauen kannst. Und dann schaust du gar keinen, weil du einfach nicht weißt, welchen. Und was vielleicht noch entscheidender war: Ich fühlte mich beliebig. Nicht wie ein eigener Mensch mit Bedürfnissen und Wünschen. Mich fragten täglich Fremde nach Sexting. Der Grund liegt auf der Hand: Durch meine wachsende Reichweite auf Twitter haben mich und mein Profil einfach stetig mehr Menschen gesehen. Ich hatte den Eindruck, die meisten der Männer schrieben Dutzende Frauen an. Denen ging es nicht um mich und noch nicht mal um das Bild, das sie von mir hatten, sondern sie wollten eben Sexchats mit irgendeiner Frau. Ist ja auch nicht verwerflich. Ich hatte einfach keine Lust dazu. Jahrelang war Erotisches nur etwas, das zwischen Tim und mir stattgefunden hatte, und plötzlich stand mir eine so große Auswahl zur Verfügung. Das war mir einfach zu viel. Ich hatte keine Lust, ein Selbstbedienungsladen für die Fantasien wildfremder Männer zu sein. Es war ein verrückter Mix an Gefühlen. Ständig schrieben Menschen nette Nachrichten, und das tat mir gut. Doch gleichzeitig war mir natürlich bewusst, dass sie gar nicht mich meinten. Ich war austauschbar. Diese riesige Welle an männlichen Bedürfnissen, mit denen ich eigentlich gar nichts zu tun hatte, die aber auf mich projiziert wurden, überforderte mich. Ich war frustriert. Wie sollte ich meine Lust am Sexting ausleben und gleichzeitig echte Wertschätzung erfahren? Und so reifte in mir die Idee, wie ich die Sexchats so weiterentwickeln konnte, dass ich echte und individuelle Wertschätzung spüren konnte: Ich wollte, dass Männer dafür zahlten. Nichts drückt Anerkennung von Fremden so unmittelbar und unverfälscht aus wie Geld. Dass jemand bereit ist dafür zu bezahlen, genau mich zu sehen und genau mit mir zu schreiben, pushte nicht nur mein Selbstbewusstsein, es bereitet mir auch heute noch tatsächlich eine Art von Befriedigung.

Als ich also mit der Idee um die Ecke kam, mit Chats Geld zu verdienen, da war Tim natürlich hellhörig. Er hatte mir schon vor Monaten gesagt, ich solle mal versuchen, mit erotischen Fotos Geld zu verdienen. Aber irgendwie hatte ich mir nicht vorstellen können, dass jemand für Bilder ausgerechnet von mir bezahlen würde. Das Internet war voller Nacktfotos von verschiedensten Frauen. „Für meinen faltigen Bauch macht keiner das Portemonnaie auf. Das ist ja lächerlich", hatte ich ihm gesagt, und damit war das Thema für mich irgendwie gegessen. Bei der Sache mit dem Sexting jedenfalls war Tim sofort interessiert. Allerdings nahm er es auch nicht besonders ernst. „Du kannst es ja mal versuchen, aber wer zahlt denn für sexy Nachrichten Geld?", fragte er ungläubig. Ich war mir auch nicht sicher, ob das klappen würde, aber es kostete mich ja nicht viel, es zu versuchen.

Meine Freundin Sina lachte. „Da hast du das Prinzip von Angebot und Nachfrage genutzt und die Chats gegen Geld angeboten? Sehr clever!“ Sina war Controllerin durch und durch.

Ich nickte. Ja, schon irgendwie. Ich habe beschlossen, Sexnachrichten gegen Geld anzubieten, weil ich den Eindruck hatte, es gab viel weniger Frauen, die Sexting wollten, als Männer. Männer taten sich zu einem großen Teil wirklich schwer, gleichgesinnte Frauen zu finden, die ebenfalls Lust darauf haben. Die Suche nach jemand Geeignetem ist für sie daher zeitaufwendig und auch ziemlich frustrierend. Trotzdem ist dafür zu zahlen, schon noch mal eine andere Hausnummer. Und auch Tim hatte mich irgendwie auf den Boden zurückgeholt. So richtig glaubte ich nicht mehr dran, dass jemand für ein paar Zeilen von mir bezahlen würde. Aber tatsächlich hatte ich noch am ersten Tag meinen ersten Kunden.

„Wie? So schnell?“ Sina staunte. „Was hat Tim denn dazu gesagt? Wie hat der Mann das denn bezahlt? Und wie läuft das überhaupt ab?“ Die Fragen sprudelten nur so aus meiner Freundin heraus.

# Als ich meinen ersten Sexchat verkaufte

Einigen Männern, die mich nach Sexchats fragten, nannte ich einen Preis und rechnete nicht wirklich damit, dass da jemand drauf eingehen würde. Doch Michael sagte Ja. Wir verabredeten uns für abends, wenn ich ungestört wäre. Er sagte mir, dass er noch nie für einen Chat bezahlt habe, aber dass ihm mein Profil und was ich schrieb gefalle. Das wäre es ihm wert. Ich war total aufgeregt. Dann erst fing ich an zu überlegen, wie er mir das Geld schicken sollte. Wie viel überhaupt? Und musste ich das versteuern? Was vorher eher eine abstrakte Idee gewesen war, wurde plötzlich sehr konkret.

Also fing ich erst mal an zu googeln. Keine Ahnung, wie man so was machte. Über PayPal vielleicht? Aber ich wollte eigentlich nicht meine private Mailadresse angeben und schon gar nicht meinen echten vollen Namen. Sollte ich mir nur für hier und da mal ein paar Kröten einen zweiten Account zulegen? Oder gab es vielleicht noch andere Möglichkeiten? Nach ein bisschen Recherche kam ich auf das Thema Amazon-Gutschein. Eigentlich echt ein cooles System und für Onlinesex-Geschäfte ein gar nicht so ungewöhnliches Zahlungsmittel. Ihr großer Vorteil ist nämlich, dass sie anonym sind. Der Kunde kann sie entweder bei Amazon oder in vielen Supermärkten vor Ort kaufen und bekommt einen Code, den er beliebig verschicken kann. Wenn ich den Code einlöse, wird das Guthaben meinem Amazon-Konto gutgeschrieben. Ziemlich einfach. Später habe ich auch Gutscheine von anderen Shops angenommen, denn es gibt ja viele kleine Läden, die es wert sind, unterstützt zu werden. Aber gestartet bin ich mit Amazon. Versteuern muss man das übrigens trotzdem. Logisch. Denn es ist ja eine Art von Bezahlung.

Ich erklärte das Vorgehen also meinem Kunden, er willigte ein. Zur vereinbarten Zeit hatte ich mich extra in Stimmung gebracht, frisch geduscht, damit ich mich besser fühlte, und legte mich entspannt aufs Bett. Er war pünktlich im Chat. Wir schrieben erst kurz Small Talk, und keiner wusste so recht, wie es losgehen sollte. Ich machte leichte Andeutungen, aber irgendwie plätscherte unsere Konversation einfach so dahin. Beide total schüchtern. Wir haben über das Wetter geredet, den Tag und über Politik. Er machte keinerlei Andeutungen, nichts klang nach einem Sexchat. Ich war schon kurz davor, es innerlich abzuhaken, sein Geld nicht anzunehmen und meine Idee des verkauften

Sexchats neu zu überdenken. Da nahm ich all meinen Mut zusammen und wagte einen Versuch: in absoluter Klarheit. Es konnte ja eigentlich nicht viel passieren. Er hatte mich angeschrieben für einen Sexchat. Er bezahlte für einen Sexchat. Er sollte den Sexchat bekommen.

Ich fragte ihn also, ob er es sich bequem gemacht hatte, und beschrieb ihm, wie ich neben ihm liegen und mit meiner Hand sanft in seine Hose wandern würde. Ich war nervös. Ich sah, dass er tippte. Dann war Pause. Dann tippte er wieder, die drei Pünktchen tanzten. Gefiel ihm die Vorstellung? Oder war ich doch zu weit gegangen und alles ein riesiges Missverständnis? Da endlich antwortete er. „Das ist nice." Okay. Er war offenbar genauso unsicher wie ich. Aber das eine positive Signal reichte mir, ich fühlte mich bestätigt. Also machte ich weiter. Ich beschrieb ihm, wie ich mich selbst berührte, wie ich seinen Schwanz blasen würde und wie er mich berühren sollte. Ihm schien einfach alles zu gefallen, seine Antworten waren kurz und bündig. Erst aufs Ende zu wurde er auch selbst etwas aktiver. Seinen Orgasmus wünschte er sich anal. Er stellte sich vor, meinen Hals nach unten zu drücken und mich fest von hinten zu ficken. Ich war etwas überrascht von den plötzlich klaren Worten und auch von seiner dominanten Fantasie. Aber ich war dabei und ging mit. Detailliert beschrieb ich ihm, wie ich mich umdrehte und ihm meinen Arsch entgegenstreckte. Er stellte sich vor, wie er seinen Schwanz fest in mich presste. Seine Nachrichten wurden abgehackter. Ich übernahm wieder das Schreiben. So konnte er lesen und geil sein, ohne sich aufs Tippen konzentrieren zu müssen. Ich beschrieb ihm, wie sein Becken an meinen Arsch klatschen und wie er mich fester nach unten drücken würde. Wie feucht ich war. Ich gab alles, was ich konnte, und der Moment, als er mir dann ein Foto von seinem frischen Sperma schickte und dazu schrieb, dass er gekommen war, der war wirklich wunderschön. Ich war stolz und erfüllt. Mich hat die Schreiberei schon auch angemacht, die geteilten Fantasien waren ziemlich heiß. Aber darum ging es nicht im Kern. Im Kern war es um ihn und seine Befriedigung gegangen, und die erreicht zu haben, gab dem Ganzen eine wunderbare zusätzliche Komponente.

Als er mir kurz darauf den Gutscheincode schickte, war ich noch ein bisschen stolzer. Von meinem Honorar kaufte ich mir ein neues Höschen, transparent mit Satin. Für mein nächstes Online-Date. Auch wenn es niemand außer mir sehen würde: Ich wusste, dass ich mich damit heißer und wohler fühlen würde. Dieses Gefühl war wunderschön. Michael war meinetwegen gekommen, und das hatte ihm so viel bedeutet und gegeben, dass er tatsächlich dafür bezahlt hatte. Und zwar gar nicht so wenig. Ich fühlte mich unglaublich machtvoll und wollte unbedingt weitermachen. Freudestrahlend ging ich zu Tim und erzählte ihm von dem gelungenen Geschäft.

„Moment“, warf Sina ein. „Das Gefühl von Macht? Was ist denn daran mächtig? Eigentlich ist doch der Kunde in der mächtigen Position. Er hat dich bezahlt, und du machst, was er sagt.“

Vermutlich denken die meisten so, und ich bin mir auch nicht sicher, ob ich die Balance an dieser Stelle richtig beschreiben kann. Aber ich versuchte es. „Ich bestimme die Regeln, ich sage, was ich anbiete, und ich gebe nur, was ich geben will. Ich habe jederzeit die Kontrolle. Eigentlich ist meine Position die stärkere. Mir macht das Freude, was ich mache, aber es gibt keinerlei Grund für mich, etwas zu tun, was ich nicht will. Wie in einem Restaurant oder bei der Massage. Du gehst hin, kannst sehen, was angeboten wird, wählst aus, und dann wartest du drauf, was du bekommst. Was das ist, liegt ganz in der Hand des Kochs oder der Physiotherapeutin.

Ich erlaube nicht, dass jemand Macht über mich ausübt. Ich habe das Zepter selbst in der Hand. Der Mechanismus ist der gleiche wie bei Dickpics.

„Dickpics?“, fragte Sina. „Du meinst Bilder von ihrer nackten Nudel, die irgendwelche notgeilen Säcke an wildfremde Frauen schicken? Ich krieg auch ab und zu welche zugesandt von irgendwelchen Perversen. Ekelhaft ...“, seufzte sie.

Ja. Natürlich schickten mir ab und zu Männer Fotos ihres Schwanzes. Und weil ich ein neugieriger Mensch bin, habe ich versucht zu ergründen, warum sie das machen.

# Dickpics

Eines Morgens stand ich beim Bäcker in der Schlange. Ein Typ, der hinter mir stand, tippte mir auf die Schulter. Ich drehte mich um, er sagte „Hi“ und lächelte freundlich. Dann ließ er die Hose runter. Ich verfiel in Verzückung ob des erigierten Gliedes und wollte ihn sofort heiraten. Ich zog mich aus, und wir trieben es auf der Stelle miteinander. Nicht wirklich, oder? Offenbar scheinen manche Männer aber zu glauben, dass es so funktioniert.

Wie die Geschichte sich stattdessen in Wirklichkeit abspielte? Ich stand beim Bäcker in der Schlange, und während ich wartete, schaute ich auf mein Handy. Da ploppte eine Nachricht mit Anhang auf. Sie war von Philip. Ich kannte ihn noch nicht, aber er hatte ein nettes Profilbild. Er schrieb „Hi“ und „Das Bild hab ich extra für dich gemacht. 😊 Ich hoffe, es gefällt dir.“ Damals war ich noch ganz neu auf Twitter und völlig unbedarft. Ich dachte mir also nichts dabei und öffnete das Bild.

Das Foto war total dunkel, und ich musste es erst von ein paar verschiedenen Seiten und ganz genau anschauen, um zu erkennen, was eigentlich zu sehen war. So hat sich sein Schwengel irgendwie in meine Netzhaut gebrannt. Ich machte ein erschrecktes, angewidertes Geräusch, und der Kerl vor mir drehte sich um. „Alles klar?“ „Ja“, antwortete ich, „alles klar.“ Aber das war es ehrlich gesagt nicht. Es war beklemmend und übergriffig, ein solches Bild zu erhalten, eine grobe Verletzung meiner Privatsphäre. Das war mein Handy, und es waren meine persönlichen Nachrichten. Ein fremder Schwanz hatte darin nichts zu suchen. Ich hasse so was. Fast jede Frau hasst das. Und ich verstand nicht, warum dieser Philip das gemacht hatte. Ich hab in meinem Leben schon viele Schwänze gesehen, live, auf Fotos und in Videos. Ich schau mir gerne Schwänze an. Aber ich will selbst entscheiden, ob ich einen Schwanz sehen will oder nicht. Also fragte ich ihn, was das sollte und was er sich davon erhoffte. Seine Antwort war so platt wie vorhersehbar. „Ich dachte, du würdest dich revanchieren mit einem Bild deiner nassen Fotze. Die würde ich gerne sehen.“ Oh, ja. Das ist, wie es funktioniert. Nicht. Ich erklärte ihm, dass das so nicht gehe. Doch er beharrte darauf, dass das in der Vergangenheit schon einmal geklappt habe. Nun ja. Die Wahrscheinlichkeit, dass er sich mit so einer Aktion eine Anzeige einhandelt, ist vermutlich höher, als dass sich sein Wunsch erfüllt. Tatsächlich verwundert mich, dass es sich noch nicht mehr rumgesprochen hat, dass es sich beim Versenden von Dickpics ohne Konsens um einen Straftatbestand handelt. Ich war jedenfalls raus. Die Male, in denen das wirklich funktioniert, dürften überschaubar sein (wenn es überhaupt jemals geklappt hat). Ich hab seitdem Dutzende Männer gefragt, warum sie mir ein Foto ihres Schwanzes geschickt haben. Eine ähnliche Antwort wie die von Philip war gar nicht selten. Viele Männer glaubten oder redeten sich ein zu glauben, dass anderen gefallen muss, was ihnen selbst gefallen würde. Würde diesen Männern nämlich eine Frau unaufgefordert ihre Vulva präsentieren, fänden sie das wohl ziemlich toll. Sie können daher gar nicht verstehen, dass die Frau das in der Regel als übergriffig empfindet. Allerdings halte ich diese häufige Erklärung, warum Männer Dickpics verschicken, für eine Ausrede. Mittlerweile müsste wirklich jeder Mann irgendwann mal davon gehört haben, dass Frauen das in der Regel schlimm finden. Viele Frauen trifft das wirklich und macht ihnen ein machtloses und beklemmendes Gefühl. Unaufgefordert Dickpics zu versenden ist übergriffig. Die meisten aber wollen offenbar einfach irgendeine Reaktion provozieren. Sie haben gemerkt, dass wenn sie Frauen online einfach nett anschreiben, da nichts zurückkommt. Wenn sie ein Foto ihres Schwanzes schicken, kriegen sie häufig wenigstens irgendeine Reaktion. Frauen schreiben entweder entsetzt zurück, sind wütend, oder die Männer können sich wenigstens vorstellen, dass die Frauen sicher erschrocken sind. Die wenigsten Frauen sind so gelangweilt davon wie ich mittlerweile. Und natürlich ist es für Männer eine sehr direkte und auch unkomplizierte Art, ihre Macht zu demonstrieren. Das sagt auch die Professorin für Sozialpsychologie Barbara Krahe von der Universität Potsdam, die einmal in einem SPIEGEL-Interview erklärte: „Der Penis, die eigene sexuelle Potenz, gilt traditionell und deshalb bei vielen als der absolute Inbegriff der Männlichkeit. Männer, die meinen, Bilder von ihrem Geschlechtsteil versenden zu müssen, haben ein Problem mit ihrer Männlichkeit: Sie wollen sich selbst vergewissern, wie männlich sie sind und es dann gegenüber Frauen unter Beweis stellen. Sie haben das Bedürfnis, Macht auszuüben: Ich bin ein echter Mann, weil ich entscheide, wo die Grenzen sind – und ich überschreite sie ganz bewusst. Einfach nur, weil ich es kann.“ Nach meiner Erfahrung trifft das auf die Männer, die ungefragt Fotos ihres Schwanzes verschicken, wirklich zu. Das ist eine negative Art, Spaß zu haben, und maximal einseitig noch dazu. Und was ich ja auch total spannend finde ist, dass immer wieder Männer wirklich überrascht sind, wenn man ihnen sagt, dass es vollkommen unangebracht ist, wenn sie einem unaufgefordert Fotos ihres Schwanzes schicken. Jedenfalls: Mit Konsens können Dickpics positiv total viel Spaß machen. Und daran ist auch überhaupt nichts verwerflich. Ganz im Gegenteil.

# Erste Schritte auf Bezahlplattformen

Tim und ich liebten es, Pläne rund um diese neue Idee zu machen. Wir rechneten durch, wie viele solcher Chats ich pro Woche anbieten könnte und wollte und wie wir das mit der Bezahlung effektiver gestalten könnten. Auch wenn es mein eigenes neues Business werden würde und Tim eigentlich nichts damit zu tun hatte: Ihn betraf es natürlich auch irgendwie. Geld- und Sexangelegenheiten besprachen wir immer gemeinsam, denn hier kamen die beiden wichtigsten Bereiche unseres Lebens zusammen. Wir bemerkten schnell, dass Amazon-Gutscheine nett, aber nicht zukunftsfähig waren, wenn meine Einnahmen steigen würden, schließlich kann man sich die nicht ausbezahlen lassen. Außerdem kam Tim noch mal mit dem Thema Nacktbilder um die Ecke. Er bestärkte mich total und überzeugte mich schließlich von Bezahlplattformen. Er erzählte mir von einer dieser Plattformen, die übrigens alle nach dem gleichen Prinzip funktionieren, nennen wir sie der Einfachheit halber an dieser Stelle mal hornyhobby, auf der Menschen dafür bezahlen würden, Nacktbilder von mir zu sehen und mit mir zu chatten. „Wäre das nicht besser?“, fragte er: „Ein Ort für alles und nicht immer über die private Nummer? Wo man Bilder kaufen, chatten, vielleicht irgendwann ja auch mal Videos anbieten kann und wo wir uns nicht um die Abrechnung kümmern müssen?“ Ja. Irgendwie klang das cool. Seit der augenöffnenden Erfahrung mit Michael hatte ich einige Sexchats gehabt, und je mehr ich davon verkaufte, umso mehr kristallisierte sich nämlich auch heraus, dass die Kunden im Vorfeld relativ unzuverlässig waren. Viele vereinbarten Termine und verschoben sie dann oder meldeten sich spontan doch nicht mehr. Außerdem musste ich ja immer überprüfen, wer wann wie viel bezahlt hatte und ob alles stimmte. Das war mühsam und nervig. Eine Bezahlplattform würde mir das abnehmen. Die Nachteile solcher Seiten liegen natürlich auf der Hand: Jemand will mitverdienen. Doch die Vorteile haben mich überzeugt, und so habe ich mich auf hornyhobby angemeldet.

Ich hatte natürlich schon von Influencern gelesen, die mit ihren Sex-Accounts Tausende von Euro quasi nebenher scheffelten. Aber ich bin nun schon lange genug im Geschäft, um zu wissen, dass das kaum die Regel ist. Den Anspruch, davon reich zu werden, hatte ich nicht, weder damals noch heute. Aber ich hatte große Lust, es auszuprobieren. Und so begann mit hornyhobby mein Weg ins Online-Sexgeschäft.

# hornyhobby – was für ein Reinfall

Ich will hier gar nicht sagen, dass Plattformen wie hornyhobby per se schlecht sind. Überhaupt nicht. Sie haben sich nur für mich persönlich nicht bewährt. Es ist eine spezielle Nische, in der Kunden relativ schnell und passgenau anonymen Sexcontent finden, und ich habe im Laufe der letzten Jahre mehrere Frauen kennengelernt, die da ganz gut verdienen. Für mich persönlich war das Ganze aber mehr als ernüchternd. Es kam mir vor wie Befriedigung am Fließband. Auf Twitter ist der Umgangston auch oft etwas rau, aber ich hatte dort natürlich die Chance, meine eigene kleine Bubble zu kreieren. Das ist auf diesen Plattformen ganz anders, wo man sich den bereits etablierten Strukturen und Gepflogenheiten beugen muss und liefert was eben nachgefragt wird. Ich habe das als sehr unpersönlich und patriarchal empfunden. Wie einen Online-Straßenstrich. Kann man machen.

Ich hing in den nächsten Tagen also viel am Computer, denn so einen Account einzurichten ist verhältnismäßig aufwendig. Man muss sich mit Personalausweis verifizieren, Kontodaten eingeben, das Profil bestücken, Preise festlegen und mehrere Formulare ausfüllen. Aber die größte Aufgabe war natürlich, Material anzubieten. Das heißt: Fotos machen, bearbeiten, zuschneiden, beschriften und hochladen. Das dauert. Aber irgendwann endlich bist du fertig und denkst: Jetzt kann es losgehen. Und dann passiert – gar nichts. Also fast nichts. Irgendwelche Fremden schauen sich deine Fotos an, finden sie „geil!“ und bezahlen vielleicht auch dafür, und dann schaust du auf die Abrechnung und da steht für den Tag: 97 Cent. Nicht so geil.

Zunächst einmal widmete ich mich jedoch meiner neu entdeckten Leidenschaft: dem Sexting. Da waren die Männer auf dieser Plattform anspruchsarm. Sie wollten reinklicken, schreiben und abspritzen. Kein langes Kennenlernen, keinen Small Talk, kein Blabla. Kann ja auch ganz reizvoll sein. Beim nächsten Besuch auf dem Spielplatz holte ich also mein Handy hervor, sagte meinen Kindern, ich müsse arbeiten (stimmte ja auch) und tippte los. Der erste Typ war Rolf. Er war 58 und teilte mir unumwunden und ohne weitere Anrede mit, dass er gerne mein „süßes Fötzchen“ sehen wollte. Alter! So dringend war mir das hier auch wieder nicht. Dann war da Patrick, der grade eine Ausbildung machte und sich wirklich mal einen Chat mit „einer Älteren“ wünschte. Mit dem ironischen Verweis darauf, dass ich mit meinen arthritisgeplagten Fingern nicht mehr so schnell tippen könnte, lehnte ich ab. „Eine Ältere“, der spinnt wohl. Wolfgang hingegen sprach mich mit „mein Mädchen“ an, und auch wenn der Ton vielleicht daher kam, dass er gut 60 Jahre alt war: Als Mädchen fühlte und fühle ich mich nun wirklich nicht. Kurz konnte ich drüber hinwegsehen, aber als er mich fragte, ob sein Mädchen auch artig drauf geachtet habe, ihre Pussy für ihn schön glatt und weich zu halten, und er hoffe, dass noch kein Mann mich bisher berührt habe, war bei mir der Ofen aus. Für solche Fantasien bin ich definitiv nicht abgestumpft genug.

Und dann war da noch der Geschäftsmann Toni – was auch immer der Ausdruck „Geschäftsmann" zu bedeuten hatte. Toni schrieb sehr nett. Und ziemlich effektiv. Nach wenigen Nachrichten spritzte er ohne große Vorwarnung ab. Er brauche nie lang, gab er zu, vier Minuten Chat würden in der Regel ausreichen. Na toll. Also eigentlich nicht toll, denn das Besondere auf hornyhobby ist, dass Kunden für jede einzelne Nachricht zahlen müssen. Wenn ein Kunde natürlich nach fünf Nachrichten am Ziel angelangt ist, kommen nicht viel mehr als Centbeträge zusammen. Vielleicht muss man das ein bisschen üben, sie möglichst lange bei der Stange halten. Am Ende des Spielplatzausflugs, bei dem sich meine Kinder wie üblich miteinander beschäftigt und mich überhaupt nicht beachtet hatten, war mein hornyhobby-Kontostand bei 3,87 Euro. Das erschien mir weder verhältnismäßig noch aussichtsreich. Videos sollten gut laufen auf der Plattform, aber so weit war ich beim Sexwork-Einstieg natürlich noch nicht.

Ich trat also einen Schritt zurück und sortierte mich neu. Das große Problem bei hornyhobby und was mir daran nicht gefiel war, dass ich dort extrem austauschbar war. Bei Twitter hingegen war es so, dass die Menschen mich kennenlernen und teilhaben wollten an meiner Sexualität – das gab es dort nicht. Kein Mensch kam von Twitter zu hornyhobby, um mir zu folgen. Sondern die Männer kamen auf die Plattform für unverbindlichen, schnellen Onlinesex – egal mit wem. Ich wurde mir schnell darüber klar, dass mir das einfach zu anonym war. Und natürlich, dass zumindest hier das Geld nicht ganz so locker saß.

# Ist Flirten für Geld noch echt?

„Im Internet gibt es doch eh jeden Sexkram umsonst. Die Leute können sich alles einfach ergoogeln. Auch Filme. Irgendwie schon verständlich, dass sie da nicht viel zahlen wollen“, warf Sina ein.

Ich stimmte natürlich zu. Diesen Einwand hörte ich oft. Ich hatte schon irgendwie drauf gewartet, dass das im Laufe unseres Gesprächs aufkommen würde.

Ja, es gibt viel kostenlos von irgendwelchen Fremden. Aber eben nicht von mir. Natürlich bin ich nichts Besonderes. Aber vor allem durch Twitter haben die Leute das Gefühl, mich zu kennen, einen echten Menschen. Mein Körper ist nicht makellos, und alles, was ich biete, bin nur ich. Keine wilden Fantasien, keine weiteren Personen, kein Hochglanz: nur eine ganz normale Frau mit ihrer echten und authentischen Sexualität. Ich könnte ja sogar eine

Nachbarin sein. Und ich zeige mich bei meiner echten und authentischen sexuellen Revolution. Ich zeige, wie ich wirklich masturbiere, ich erzähle, wie ich zweifle, scheitere, aufstehe. Ich bin mal schlecht gelaunt, mal traurig, mal glücklich, mal im Urlaub, mal am See und mal im Büro. Was ich zeige, sind echte Facetten meines täglichen Lebens. Diese Fantasie ist vielen Menschen mehr wert als irgendwelche immergeilen Schauspielerinnen.

Das konnte Sina natürlich nachvollziehen. „Ein bisschen sollen sie sich eben doch in dich verlieben", lachte sie. Sie konnte es offensichtlich nicht lassen, auf der Sache mit den Gefühlen rumzureiten.

„Wir haben eine Verbindung miteinander. Wir treten in Beziehung, ja", relativierte ich.

Nicht wenige nutzen die Verbindung mit mir, um ehrlich und offen über ihre Bedürfnisse, Ängste oder was auch immer zu reden. Jeder Mensch, der mit mir online in Beziehung tritt, hat seine eigenen Erwartungen an mich. Einer will schnelle Befriedigung, ein anderer Small Talk und wieder ein anderer einen Rat. Ich versuche da blitzschnell umzuschalten, denn mein jeweiliges Gegenüber sieht ja nicht all diese vielen Facetten und diese große Bandbreite. Jeder sieht nur seine eigenen Themen. Ich bin eine Projektionsfläche, eine Art Projektmanagerin. Die Leute laden ihre Themen bei mir ab, bedienen sich an mir und nehmen so viel, wie sie brauchen, dann sind sie wieder weg. Einige Männer bezahlen dafür, andere nicht, manche achten es, dass meine Batterien manchmal einfach leer sind, und andere beschimpfen mich als arroganten Großaccount, weil ich an manchen Tagen einfach müde davon bin, als Projektionsfläche herzuhalten. Die allermeisten meiner Kund*innen sind jedoch sehr wertschätzend. „Wertschätzend heißt freundlich?“, fragte Sina. Ich bejahte: „Freundlich und idealerweise auch großzügig im Rahmen ihrer Möglichkeiten. Manche Männer lieben es beispielsweise, mir Sachen zu schenken“, erklärte ich.

„Wie? Sie schenken dir was? Was denn?“, fragte Sina.

Manchmal wundere ich mich echt selbst, wie tief ich mittlerweile im Thema drin bin und wie normal sich alles für mich anfühlt.

# Der Zauber des Schenkens

Das allererste Mal, dass ich mit dem Thema Geschenke online in Berührung kam, war, als ich darüber getwittert hatte, dass ich mir neue Wäsche kaufen will, aber nicht so auf Spitze stehe. Ich mag es transparent, aber Schleifchen und Rüschen sind nicht mein Ding. Als ich dann also auf den einschlägigen Seiten nicht fündig geworden war, habe ich auf Twitter nach Tipps gefragt. Dann schrieb mir Georg. Er empfahl mir die beiden hochwertigen Label Agent Provokateur und Maison Close. Ich habe mittlerweile mehrere Wäschestücke beider Marken und bin ihm heute noch dankbar für diesen wertvollen Input. Jedenfalls bot er mir im selben Zug auch an, in deren Katalog etwas für mich auszusuchen und mir zu schenken. Schenken? Einfach so? Ich war verwirrt. Ja, einfach so. Ihn würde es zufrieden machen und auch etwas anturnen, wenn er wüsste, dass ich in der Wäsche tollen Sex hätte. Wir haben das zu Hause ein bisschen diskutiert. Tim und ich haben dann gemeinsam entschieden, dass uns das irgendwie zu viel Nähe wäre. Es fühlte sich noch nicht richtig an. In den folgenden Wochen änderte sich jedoch meine Einstellung zu Geschenken. Heute freue ich mich darüber, wenn mir jemand etwas schenkt. Aber ganz ohne ist es eben nicht. Denn tatsächlich ist die Person, die bezahlt hat, in gewisser Weise beteiligt. Einen Pullover, den dir ein Ex mal gegeben hat, ist immer mit ihm verbunden. Wenn du ihn trägst, bleibt dieser Mensch Teil deines Lebens. Am Anfang war mir die Vorstellung seltsam, so etwas mit Fremden zu teilen. Doch heute gehören diese vermeintlich Fremden zu meinem Leben. Meine Onlinewelt ist Teil meiner echten Welt. Mittlerweile kann ich gut damit umgehen, dass also auch vermeintlich Fremde Teil meines Lebens sind. Ja, ich genieße es sogar.

„Und wie geht das?“, fragt Sina, „Gibst du denen dann deine Adresse?“

Nein. Das mach ich nicht. Ich habe eine Wunschliste bei zwei Shops: Amazon und Baumwollseil.de. Wer Lust hat, kann mir aus diesen Wunschlisten etwas aussuchen und mir schicken lassen. Meine Adresse erfahren die Schenkenden dabei nicht.

„Und warum machen die das? Ohne Gegenleistung? Versteh ich nicht.“ Sina war verwirrt.

Ich widersprach. „Ich dachte auch erst, dass es ohne Gegenleistung wäre, aber im Endeffekt ist es das ja nicht. Niemand tut Dinge ohne Gegenleistung. Die Frage ist nur, wie man Gegenleistung definiert.“

Sina lachte. Das wollte sie jetzt genauer wissen. „Eine Leistung ist eine Leistung, und ein Geschenk ist ein Geschenk, oder?“ Na ja. So halb.

Menschen ziehen Befriedigung aus verschiedenen Dingen. Auch daraus, einem anderen etwas zu schenken. Das gute Gefühl ist die Gegenleistung. Männer, denen das Spaß macht, freuen sich daran, mir etwas Gutes zu tun. Vor allem Sexspielzeug und Dessous werden gerne gekauft. Sie lieben es zu wissen, dass ich die Sachen später trage oder benutze. Irgendwie entsteht so eine Art Bindung. Ich weiß tatsächlich genau, welche meiner Dessous Geschenke waren und wie ich sie bekommen habe. Viele Männer stellen sich gerne vor, wie etwas von ihnen bei mir bleibt und ich mit einem Lächeln an sie denke. Manche wünschen sich auch, dass ich ihnen ein Foto von mir in den Sachen schicke. „Das Kleid, das ich heute trage, war zum Beispiel ein Geschenk von Tom“, erklärte ich Sina und strich sanft über den dunklen, zarten Stoff des Sommerkleides. Ich liebe es sehr und trage es oft. Auch wie heute über einer Jeans und mit einer groben Lederjacke.

„Das ist ein Desigual-Kleid, war bestimmt teuer“, stellte sie ungläubig fest.

Ja, vermutlich hatte es etwas mehr als eine Kleinigkeit gekostet. Ich habe es nicht überprüft, aber ich wertschätze, wie großzügig Tom ist. Es macht ihm einfach Freude, mir ein Lächeln auf die Lippen zu zaubern. Ich denke jetzt gerade an ihn. Und vielleicht denkt er auch manchmal daran, wie das Kleid mich erfreut, wie es meine Haut berührt und wie ich lächeln muss, wenn ich daran denke. Geschenke sind eben kein Geschäft. Mit Geschenken werden keine Leistungen bezahlt. Geschenke sind Luxus, sie sind freiwillig und rufen ein wohliges Gefühl hervor. Ich habe meistens ein oder zwei Follower, die mich gerne sehr verwöhnen. Das freut mich natürlich. Andere wiederum wollen es möglichst günstig halten und möglichst viel dafür bekommen. Sie haben lieber das Gefühl, etwas zu schenken, als mich direkt zu bezahlen. Es fühlt sich für sie irgendwie natürlicher an. So wie er vielleicht der Frau bei einem richtigen Date Blumen mitbringen würde und sie zum Abendessen einlädt, schenkt er mir eben Süßigkeiten oder Unterwäsche von der Wunschliste. Manche wollen vor allem chatten und stellen dann rund um das Geschenk total viele Fragen – Sexting light sozusagen. Da schreibt dann einer so was wie: „Hast du den Analvibrator schon ausprobiert? Wie hat er sich angefühlt? Hast du ein bisschen vordehnen müssen? Wie war es, als er angefangen hat sich zu bewegen? Bist du gekommen?" Besonders schön ist es für alle Beteiligten, wenn ich die Sachen in einem Video trage oder benutze. Einen Dildo, den ich schon häufiger in Videos verwendet habe, hat mir Mik geschickt. Er schreibt mir jedes Mal eine freudige Nachricht, wenn er den Dildo in einem meiner Videos entdeckt. Da freu ich mich mit. Das schönste Geschenk, das ich mal bekommen habe, stammte von einem Künstler: Sandro Wegner. Über Wochen hat er in liebevoller Kleinarbeit ein Bild von mir nach Vorlage gemalt. Das war irre aufwendig. Er hat mir immer wieder Zwischenstände geschickt und mich total eingebunden. Ich liebe das Ergebnis, es zeigt mich lebendig und leidenschaftlich. So, wie ich mich auch selbst sehe. Offen in mein

Wohnzimmer hängen, kann ich es leider nicht. Das sind die kleinen Dinge, die die Anonymität gefährden. Das Risiko, dass Besuch das Bild von Twitter oder über eine andere Veröffentlichung erkennt, ist einfach zu groß. Aber ich betrachte es gerne.

Geschenke sind Wertschätzung pur. Wenn sich jemand Mühe gibt beim Aussuchen oder Machen, wenn er überlegt, was mir gefallen könnte, verschiedene Optionen abwägt: Das ist wunderbar. Im echten Leben wie auch in Onlinebeziehungen.

„So jemanden bräuchte ich auch – einen, der mir Sachen kauft und ansonsten nichts von mir will", warf Sina lachend ein.

Da fiel mir ein anderes Thema ein, das für mich immer wichtiger wird, Sina aber sicherlich noch mehr verwirren würde: finanzielle Dominanz. Nachdem sie schon Schwierigkeiten hatte, die Sache mit den Geschenken nachzuvollziehen, wäre es wohl zu viel, ihr zu eröffnen, dass manche Männer es lieben, einfach nur zu bezahlen und ausgenommen zu werden. Das Thema stellte ich zurück, vielleicht würde ich später noch mal drauf zurückkommen. „Jedenfalls habe ich mich erst mal von den großen Bezahlplattformen ferngehalten. Irgendwie hatten wir keinen guten Start gehabt. Aber mein Sexting-Geschäft konnte ich gut ausbauen", erzählte ich weiter.

# Sexting für Fortgeschrittene

Mit ein bisschen Übung habe ich das mit dem Sexting richtig gut hingekriegt und konnte mich auf verschiedenste Kunden einstellen. Sie kamen praktisch alle über Twitter und zahlten anstandslos den vereinbarten Festpreis. Daniel zum Beispiel beschrieb detailliert und ausführlich, wie er mich in der Fantasie fest und nachdrücklich fickte. Er mochte es von hinten und stellte sich vor, wie er mich hart aufs Bett drückte. Sven gefiel die Vorstellung, dass ich ihn sanft auf seinem Schreibtischstuhl sitzend verführte. Ich sollte ihm ausführlich beschreiben, wie ich seinen Schwanz während einer Videokonferenz blasen würde. Peter hat so was wie eine girlfriend experience mit mir online erlebt. Er bezahlte also dafür, dass ich ihm das Gefühl gab, ich wäre seine Freundin. Wir haben uns eine ganze Weile Fotos geschickt und nette Nachrichten. Haben uns gegenseitig von unserem Alltag erzählt und am Leben des anderen teilgenommen. Er bezahlte pro Tag. Paul, der noch heute regelmäßig meine Dienste in Anspruch nimmt, habe ich richtig ins Herz geschlossen. Wir haben alle paar Monate online Sex, zwischendurch schreiben wir uns Nachrichten. Eine echte Freundschaft plus in online und bezahlt. Marcel gehörte ebenfalls zu meinen ersten Kunden. Er mochte es, wenn ich ihm beschrieb, wie ich seinen Schwanz mit beiden Händen wichste und mit großer Sorgfalt sein Arschloch leckte, bis es weich genug war, dass ich meinen Finger reinstecken konnte.

Um ehrlich zu sein, habe ich bis heute im echten Leben noch kein einziges Arschloch geleckt. Aber ich habe es unzählige Male beschrieben. Das ist tatsächlich eine Fantasie, die sich viele Männer von mir wünschen. Im Real Life hat mich noch niemand nach Rimming und Finger im Arsch gefragt. Im Gegenteil. Bisher haben sogar alle, die ich gebeten habe, es mal ausprobieren zu dürfen, dankend abgelehnt. Vielleicht ist es Zufall, vielleicht wollen es die Männer im echten Leben nicht zugeben, oder vielleicht ist es auch einfach eine dieser Sachen, die in der Fantasie viel besser sind als in echt. Ich bin gar nicht böse drum, dass mich das noch keiner hat ausprobieren lassen. Ich fass mein eigenes Arschloch gern an. Ich mag die weiche Haut. Aber bei jemand anderem? Ich weiß nicht. Vielleicht sollte ich, ohne groß ein Thema draus zu machen, einfach mal hinlecken und mich so etwas annähern? Vielleicht gefällt es ihm dann doch? Aber ich will mich natürlich auch nicht über ein Nein hinwegsetzen. Und schließlich bin ich mir auch gar nicht sicher, ob ich es so richtig in echt überhaupt will. Vielleicht fände ich es ja scheiße, und am Ende würde es mir die ganze schöne Fantasie verderben.

„Scheiße, hihi." Sina kicherte albern. Für Arschlöcher habe sie nichts übrig, sagte sie. Weder abstrakt noch konkret.

Ich liebe diese Vielfalt. Es ist für mich unfassbar spannend, mich immer wieder auf extrem unterschiedliche Typen von Männern einzulassen und dabei immer nur so viel von mir preiszugeben, wie ich will. Ich achte dabei natürlich immer darauf, dass ich ehrlich und authentisch bleibe. Trotzdem ist man beim Schreiben viel flexibler. Zum Beispiel das Thema Lecken: Das ist im echten Leben echt heikel. Es kann mir kaum einer wirklich recht machen, ich brauch es dauernd anders. Und die meisten Männer sind total empfindlich, wenn man sagt oder zeigt, wie man es anders haben will. Ich finde mich da selbst ziemlich anstrengend. Beim Sexting kann ich es mir dagegen immer genau so vorstellen oder so sagen, wie ich es in diesem Moment gerade will. Wenn er beschreibt, wie er mich leckt und fingert, dann kann er das tun, wie es sich für ihn gut anfühlt. Und wenn er will, dass ich es beschreibe, dann mach ich das: „Oh ja. Ich steh drauf, wie du mit deiner Zunge an meinen Lippen entlangstreifst. Ich mache das grade mit meinem Zeigefinger und stell mir vor, es wäre deine Zunge. Oh! Mach das noch mal ganz zart." Oder: „Stell dir vor, wie ich langsam feuchter werde. Ich schmecke so gut. Das würde dir sicher gefallen. Ich leck gerade meinen Finger ab. Der ist schon ganz nass von meiner feuchten Pussy … " Ich liebe es, Bilder im Kopf zu erzeugen. Und genau zu beschreiben: „Ich spüre, wie hart dein Schwanz schon ist. Ich lecke mit meiner Zunge über deine Eichel und umschließe sie dann fest mit meinen Lippen." Oder so was in der Art. Manche Männer mögen es, wenn ich es mir dabei selbst mache, anderen ist das egal. Da kann ich dann auch meinen Kindern das Essen kochen oder im Zug sitzen und währenddessen heiße Nachrichten austauschen. Das ist tatsächlich etwas, das mir total viel Spaß macht: Wenn ich auf dem Weg zur Arbeit bin, mir gegenüber eine Studentin über ihre Unterlagen gebeugt und ein Typ im Anzug, der an seinem Smartphone offenbar gerade superwichtige Verhandlungen führt, dann chatte ich mit wildfremden Menschen, die sich zu Hause einen runterholen. Das bringt mich zum Lächeln.

„Ich glaub, ich käme mir so seltsam vor", sagte Sina. „Beim Sex selbst ist es ja schon heiß, sich was Schmutziges zuzuflüstern. Aber in Nachrichten find ich es komisch. Mein Mann schickt mir manchmal aus dem Hotelzimmer, wenn er unterwegs ist, ein Dickpic und liebt es, wenn ich ihm dann beschreibe, was ich mit ihm anstelle. Aber bei ihm weiß ich halt auch, was er mag. Das stell ich mir mit Fremden komisch vor."

Logisch. Man braucht ein bisschen Übung. Da kann man sich mit Fremden beim Sexting genauso rantasten, was der andere mag, wie wenn man real Sex hätte. Da nähert man sich ja auch an mit verschiedenen Berührungen und Techniken.

# Über den Tisch gezogen

„Ich versteh schon irgendwie, dass Männer dafür bezahlen. Es ist ja eine normale Dienstleistung. Wie eine erotische Geschichte, die nur für diese eine Person erzählt wird. Ein Porno im Kopf, bei dem man mitspielen kann. Aber geht das immer so reibungslos? Wollte schon mal jemand sein Geld zurück? Gibt's da wie auch in anderen Lebensbereichen Reklamationen? Verhandeln die Leute?" Es sprudelte nur so aus Sina heraus.

„Ich seh schon", sagte ich lachend, „wenn es ums Geld geht, wird es für dich spannend." Und ja: Klar gibt es Leute, die verhandeln wollen. Aber das hatte ich erwartet. Viele Männer sagen, dass sie nicht dafür bezahlen wollen. Oder sie wollen einen „Vorschuss", also ein bisschen Anheizen, bevor sie zahlen und in Wahrheit nur ein Foto gratis abgreifen. Oder sie vereinbaren einen Termin und sind mit dem Geld einverstanden, und dann schicken sie es einfach nicht und melden sich nie wieder. Ja. Die gibt es auch. Bei meinen ersten Sexting-Verkäufen habe ich noch drauf vertraut, dass das Geld nach dem Chat kommt. Doch natürlich gab es diejenigen, die meine Leistung beansprucht haben und dann auf Tauchstation gegangen sind. Mittlerweile biete ich nur noch Vorkasse an. Klar haben da manche Angst, ich würde das Geld nehmen und keine Leistung bringen. Doch mein Twitteraccount ist mittlerweile so groß, dass ich mir negative Publicity überhaupt nicht leisten kann.

„Logisch“, antwortete Sina. „Wenn da ein paar schreiben würden, dass du sie abgezogen hast, wäre es schnell vorbei mit der Sexting-Karriere.“

# Handarbeitsabend

Während ich großen Spaß dabei hatte, mich in der Praxis online und im Real Life zu entfalten, wollte ich auch viel lernen. Ich geh total gerne zu Kursen und Fortbildungen. Einmal fand ich mich mit zehn anderen Frauen in einem Raum wieder. Jede von uns hatte eine Piccoloflasche Sekt vor sich, und wir lernten gemeinsam, wie man einen Schwanz massieren kann. Das war wirklich erhellend. Ich hatte bisher immer nur gesehen und gehört, dass Menschen Schwänze einfach stupide von oben nach unten wichsten. Auch Tim und die Männer, mit denen ich bisher in meinem Leben Sex hatte, hatten mir das immer nur so gezeigt, wenn ich sie gefragt habe, wie sie am liebsten angefasst werden wollen. Doch an diesem Abend zeigte uns die Lehrerin verschiedenste andere Techniken: einen Vulkan, bei dem man den Schwanz immer wieder der Länge nach ausstreift, eine Art Startbahn, bei der du den Schaft von unten mit der flachen Hand entlangfährst, oder auch die Variante, bei der du den Schwanz fest in die eine Hand nimmst und mit der anderen Hand nur die

Eichel umschließt und eine Bewegung machst, als wolltest du ein Moped starten: indem man beide Hände gegeneinanderdreht. Der Abend war superspannend. Wir übten alle Handgriffe an der Piccoloflasche. Als ich Tim zu Hause davon erzählt habe, war er erst skeptisch. Er meinte genau zu wissen, wie man seinen Schwanz anfassen müsste und konnte sich nicht vorstellen, dass Berührungen, die nicht klassisches Wichsen wären, ihm besondere Freude bereiten könnten. Doch dann ließ er sich drauf ein. Er lag einfach da, ich kniete mit Händen voller Gleitgel zwischen seinen Beinen und probierte alles aus, was ich eben gelernt hatte. Das war sehr innig und intim. Gar nicht in erster Linie auf Sex und Orgasmus ausgerichtet, sondern es entstand im Reiben einfach eine wirklich enge Verbindung und Vertrautheit miteinander. Berührungen, die anders sind als die gewohnten, geben uns neue Impulse. Sich mit Sex und Körperkontakt auseinanderzusetzen, lohnt sich. Oft glauben wir ja, wir wüssten, was uns gefällt. Aber vielleicht fehlt uns einfach die Vorstellung davon, was es alles auf der Welt zu entdecken gibt.

Nach dem Abend zum Handjob hab ich auch noch Kurse übers Blasen, über erogene Zonen, zum erotischen Küssen und einigem mehr gemacht. Klar ist nicht alles davon unbedingt nötig zu wissen, aber man wird ja nicht dümmer, und ich liebe es einfach, mich mit mir selbst und mit meiner Sexualität auseinanderzusetzen.

# Auf zu OnlyFans

Auch wenn damals wie heute Sexting etwas ist, das ich sehr mag und auch meine Kunden total schätzen, hatte ich doch Lust, mein Portfolio zu erweitern. Von allem was Fotos und Video angeht. Ich mach eh gerne Fotos, und mittlerweile liebte ich es auch, mich nicht nur hinter, sondern auch vor der Kamera zu bewegen. Ab und an teilte ich schon Fotos auf Twitter, aber meine intimen Bilder der ganzen Welt zu zeigen, erschien mir irgendwie falsch. Ich konnte ja meine Reichweite einsehen und mir ausrechnen, wie hoch die Wahrscheinlichkeit war, dass einer der anderen Väter aus dem Kindergarten mich nackt sehen würden. Außerdem muss ich ehrlich sagen, dass ich komplett nackte Menschen und ihre Geschlechtsteile auf Twitter auch nicht wirklich sehen will. Ich lauf ja auch nicht unbekleidet über die Straße. Das war mir eindeutig zu viel – zu öffentlich. Da brachte Tim noch mal das Thema Online-Bezahlplattformen aufs Tableau. Mein Debüt auf der ersten Plattform war mir noch in aktiver Erinnerung. Richtig Lust hatte ich nicht. Aber andererseits: So viele Menschen waren begeistert von OnlyFans.

## HOT FACT

**Die Bezahlplattform OnlyFans ist aufgebaut wie ein Soziales Netzwerk. Creator können dort Fotos und Videos einzeln oder im Abo verkaufen. Das Abo wird jeweils mit einem bestimmten Creator abgeschlossen. Zu sehen sind dann immer nur die Inhalte der aktuell abonnierten Accounts. Der Preis wird vom jeweiligen Creator festgelegt. Bekanntheit hat die Plattform vor allem dadurch erlangt, dass verschiedene Prominente dort gegen Bezahlung intime Einblicke gewähren.**

Tim hatte die letzten Monate viel Zeit mit Recherchen für mich verbracht und sich bei mehreren Influencerinnen aus unterschiedlichen Bereichen für deren Bezahl-Kanäle angemeldet. Er wollte so ein Gefühl dafür bekommen, in welcher Qualität andere ihre Inhalte zu welchem Preis anböten. Ich selbst hab mir natürlich auch ein grobes Bild gemacht, aber schnell gemerkt, dass ich es einfach so machen will, wie ich mich gut fühle. Mir ist eigentlich egal, was andere machen. Tims Recherche war dennoch wertvoll für mich, weil sie bestätigte, was schon mein Gefühl war: Die einzige Regel ist, dass es keine Regel gibt. Manche lassen es sich mit 30 Dollar bezahlen, dass man mal ihren Nippel sieht, andere teilen Sexvideos praktisch kostenlos. Aber eins war klar: Auf OnlyFans folgten die Menschen Profilen, weil sie mehr von genau dieser Person sehen wollten. Sie wollen die Menschen hinter dem Account kennenlernen. Das war das, was ich auch anbieten wollte. Vielleicht sollte ich es versuchen. Vielleicht war mein erster Versuch auf der anderen Plattform auch einfach nicht zur richtigen Zeit gewesen.

Mein erstes Video auf OnlyFans und auch die ersten Fotos waren noch total unschuldig. Im Video hab ich mich umgezogen, verschiedene Dessous anprobiert und mich ein bisschen vor dem Spiegel bewegt. Die Kosten für das Abo waren so niedrig wie möglich. 5 Dollar pro Monat, glaub ich. Aber viel zu sehen, gab es ja auch nicht. Und tatsächlich haben mich Menschen abonniert. Meine Inhalte waren so unspektakulär. Es war viel weniger zu sehen, als wenn man einfach erotische Fotos googelt. Trotzdem wollten Menschen mir folgen, denn durch Twitter hatten sie bereits das Gefühl, mich ein bisschen zu kennen. Und mit einer Art persönlicher Bindung ist es viel spannender, jemanden nackt zu sehen. Seither wurden es stetig mehr. Gemeinsam mit meinen Followerzahlen bin auch ganz persönlich gewachsen und wurde immer sicherer: vor und hinter der Kamera und auch bei der Frage, wie und was ich posten und wie ich meine Kanäle besser vermarkten könnte.

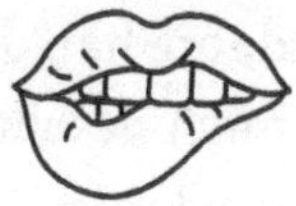

# Nähe auf Bezahlplattformen

In meinem kleinen Kreis auf den Bezahlplattformen ist es sehr intim. Was ich poste, können – wie in einem privaten Instagram-Kanal – nur meine Follower sehen. In Chats können sie sich zusätzlich mit mir persönlich unterhalten, mir Trinkgeld schicken oder besonders intime Videos kaufen. Wir lachen zusammen, und viele meiner Follower teilen mit mir ihre und meine sexuellen Fantasien. Ich fühle mich da total wohl. Ich habe bald also mein erstes wirklich intimes Foto geteilt, ein Bild, auf dem ich mein Höschen etwas zur Seite geschoben habe und man so einen kleinen Blick auf meine Pussy hatte. Das Bild hatte ich ein paar Tage vorher gemacht und für den Moment aufgehoben, wenn ich genug Mut hätte, es zu teilen. Die Resonanz war überwältigend. Als hätten die Leute noch nie eine Möse gesehen. Es fühlte sich für mich gut und richtig an. Persönlich eben. Wenn ich jemandem im Real Life näherkomme und wir chatten und einander Bilder schicken, dann hat das einen ähnlichen Flow. Der Bereich ist für mich geschützt. Seltsam eigentlich, weil ich ja keinen meiner Follower dort persönlich kenne.

Jedenfalls war ab da irgendwie ein Bann gebrochen. Diese extreme und ungezwungene Offenheit verbunden mit der persönlichen Verbindung machen meinen OnlyFans-Kanal bis heute aus. Ich lasse meine Follower auf OnlyFans an meiner Verletzlichkeit genauso teilhaben wie an meiner Lust. Dass ich auch teile, wenn ich zweifle, wenn ich Angst habe, wenn ich traurig oder verletzt bin, schafft, dass ich auch online als ganzer Mensch gesehen werde. Meine Follower können direkt und unmittelbar teilhaben an meiner sexuellen Revolution.

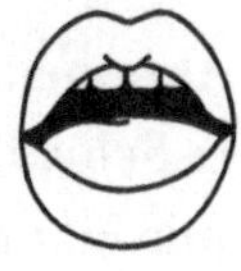

# Sexuelle Revolution

Ich habe mich seit der Öffnung unserer Beziehung so unfassbar weiterentwickelt. Von der selbst gewählten Passivität, die mich rund um Beziehungen und Sex noch vor vier Jahren ausgemacht hat, hin zur absolut aktiven Rolle. Es ist für mich tatsächlich eine Art Revolution: ein grundsätzlicher Wandel. Ich bin in der Lage, meine sexuellen Wünsche für mich selbst zu formulieren. Mein erstes Ziel ist es längst nicht mehr, positive Reaktionen zu erhalten. Sondern mit mir selbst im Reinen zu sein und zu erkennen, was eigentlich mein Wunsch ist. Und den dann auch auszuleben, zu genießen, mich nicht einzuschränken. Ich war viele Jahre sehr glücklich mit dem Sex mit meinem Mann, und es wäre völlig okay gewesen, wenn wir das niemals verändert hätten. Und dennoch hat mich meine sexuelle Revolution weitergebracht. Weiter hin zu einem selbstbestimmteren Ich. Ich mochte es schon immer lustig und leicht und hemmungslos. Heute liebe ich verrückte

Aktionen. Ich richte Olympiaden aus, bei denen der schönste Schwanz gekürt wird, ich mach es mir vor der Kamera mit Eiszapfen selbst, und ich posiere nackt mit Star-Wars-Sturmtrupplerhelm. Diese Beispiele sind Sinnbild meiner sexuellen Revolution. Ich erzähl davon nachher noch ein bisschen mehr.

Schnell habe ich mich auf OnlyFans getraut, mich immer weiter zu öffnen. Mit einigen Dutzend Followern zeigt und redet es sich einfach offener als mit den Zehntausenden, die mir auf Twitter folgen. Dazu ist der Ton auf Bezahlplattformen viel wertschätzender. Wer mir da folgt und meine Inhalte sehen kann, der hat dafür bezahlt. Niemand tut das, um dann zu stänkern. Es gibt keinen Hate und keine schlechte Stimmung. Nur Menschen, die gern noch ein bisschen dichter dran sind an mir und sehen wollen, wie ich meine sexuelle Energie auslebe. Dabei waren natürlich auch viele dabei, die ihre geheimen Fantasien teilen wollen. Manches ist harmlos, manches schon ein bisschen wild für mein Empfinden. Doch am Anfang und noch heute steht an erster Stelle meine eigene Befriedigung, an der ich gerne meine Follower teilhaben lasse. Neben ein paar mehr oder weniger unschuldigen Fotos habe ich bald meine erste Audiodatei aufgenommen. Die Vorstellung, mich beim Masturbieren aufzunehmen, war noch total abstrakt für mich. Ich hatte mal vor Ewigkeiten mit dem Gedanken gespielt, beim Radio zu arbeiten. Ich liebe es zu reden. Und wie gut das mit dem Telefonsex vor Kurzem geklappt hatte, war mir noch in sehr präsenter Erinnerung. Könnte das auch beim Masturbieren Spaß machen?

# Masturbieren vor dem Mikro

Als ich eines Abends allein zu Hause war – Tim war bei seiner Freundin Eva, die er mittlerweile regelmäßig traf –, legte ich mich aufs Bett. Ich hatte frisch geduscht – so wie ich am liebsten masturbiere. Ich schaltete das Diktiergerät an und legte es neben meinen Kopf. Dann fing ich ganz langsam an, es mir selbst zu machen. Und beschrieb genau, was ich tat. Ich führte aus, wie es sich anfühlte, wie meine Hände über meine weiche Haut streiften, die vom heißen Wasser noch ganz warm war. Und ich beschrieb genau, wie ich mit meinen Fingern in meine nasse Spalte glitt. Mein Vibrator war leise zu hören, bis ich die Aufzeichnung fast vergaß. Ich stöhnte und spürte, wie meine Pussy beim Orgasmus kräftig pulsierte. Ich beschrieb, wie sich das anfühlte, und leckte meine nassen Finger ab. Mein leises, lustvolles Lachen beendete die Audiodatei. Dieses Lachen sollte später zu einer Art Markenzeichen werden, das bei fast bei jeder Audio- und später Videodatei am Ende zu hören ist. Ich veröffentlichte die Audiodatei sofort auf OnlyFans, ohne sie noch mal anzuhören. Ich hatte es versucht, aber es war mir total peinlich, mir selbst zuzuhören. Und trotzdem wollte ich die Datei unbedingt veröffentlichen. Warum, kann ich gar nicht so genau sagen. Vielleicht war es Selbstdarstellung. Ich weiß es nicht. Ich hatte für mich selbst masturbiert, aber die Vorstellung, dass jemand quasi im Nebenraum sitzt und zuhört, hat mich dabei total erregt. Kaum war die Datei hochgeladen, kamen umgehend die ersten Reaktionen. Alle liebten es. Das motivierte mich total. Dass gerade im Moment ein paar von ihnen zu Hause im Bett liegen würden und mir fast in Echtzeit dabei zuhörten, wie ich masturbierte, brachte mich dazu, es gleich noch mal zu machen. Diesmal ohne Aufnahme.

Die Reaktionen auf meine erste Audio-Masturbation waren ausnahmslos positiv. Es gab nur einen Wunsch: Sie wollten nicht nur im Nebenzimmer sitzen und zuhören, sondern quasi durchs Schlüsselloch schauen.

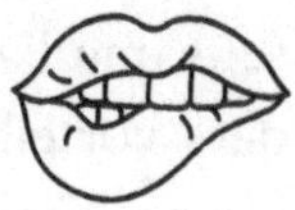

# Masturbieren vor der Kamera

Ich liebe es, mir selbst dabei zuzusehen, wie ich masturbiere. Und Tim liebt es auch, mir dabei zuzusehen. Er liegt oft neben mir und genießt es, dabei zu sein und zu sehen, wie ich mich selbst berühre. „Deine Follower würden es lieben, das zu sehen“, sagte er mir mal direkt, nachdem ich gekommen war. „Dein ganzer Körper – man sieht an jeder Faser, wie sehr du das genießt. Allein dir dabei zuzusehen ist Sex pur.“ Vielleicht sollte ich also tatsächlich mal ein Video veröffentlichen? Trotz der motivierenden Reaktionen auf meine erste Audioaufnahme haderte ich mit mir. Schließlich war das wirklich intim. Eine echte, buchstäbliche Selbstoffenbarung. Das Persönlichste, was ich bieten konnte. Gleichzeitig haben meine Selbstzweifel wieder total gekickt. Denn angezogen war ich zufrieden mit meinem Körper. Nackt ging es in bestimmten Posen. Aber wenn ich mich bewegte und beim Masturbieren ja auch nicht mehr so drauf achten konnte, hatte mein Bauch seltsame Falten, und überhaupt sieht das nicht so besonders vorteilhaft aus. So wollte ich mich eigentlich nicht filmen. Nicht nur, weil ich so nicht gesehen werden wollte, sondern auch, weil ich mir sicher war, Follower zu verlieren. Wenn sie ihr Abo reihenweise kündigen würden, nachdem sie mein Video gesehen hätten oder ich am Ende noch fiese Nachrichten bekäme: Das hätte ich schlecht verkraftet. Also tat ich das einzig Logische: Ich machte das Video einfach angezogen. So fühlte ich mich sicherer. Ich konnte mich vollständig fallenlassen, ohne auf irgendwelche Hautfalten oder sonst etwas zu achten. Ich kniete auf der Couch und trug einen Rock, den ich nach oben geschoben hatte. Die Kamera hatte ich recht nah aufgebaut. Ich selbst liebe es total, in Pornos die Vulva in Großaufnahme zu sehen. Ich hab mich gar nicht viel damit beschäftigt, wie das Video vielleicht jemand anderem gefallen würde. Ich hab es einfach so gemacht, wie ich mich selbst damit gut fühle. Als ich mir das Video danach angesehen habe, wurde mir klar, dass ich meine Vulva noch nie die ganze Zeit über so intensiv beobachtet hatte. Spannend. Ich schaute sie mir zwar oft und gerne beim Masturbieren an. Aber im Spiegel natürlich immer nur kurz und auch mit einem gewissen Abstand. Jetzt saß ich wie gebannt vor dem Handy und betrachtete sie ganz nah. Wie sie immer nasser wurde, wie sie sich etwas zusammenzog, als ich den Dildo in meine Vagina steckte und ihn bewegte. Wie das Loch noch kurz geweitet blieb, wenn ich ihn rauszog. Ich beobachtete, wie sie etwas anschwoll. Wie meine Beine zitterten und sich mein Beckenboden pulsierend zusammenzog. Meine Vulva zuckte im Takt mit. Als ich den Dildo aus mir rauszog, war ein feuchter runder Fleck auf der Couch. Ich beobachtete mich selbst, wie ich meine zarte warme Haut noch ein bisschen streichelte und mein Atem und mein Körper wieder ruhiger wurden. Ich liebte das Video. Als ich so genau hingesehen hatte, fiel mir auf, dass ich zwei komische Hubbel an der Vulva habe, die mir vorher nie aufgefallen waren. Einer war vielleicht von der Geburt meines Sohnes. Da war die Naht nach dem Dammschnitt nicht ganz gerade gewesen. Waren meine Schamlippen vielleicht etwas zu groß? Und würde es irgendjemandem auffallen, dass ich meinen Bauch verdeckt habe? Ich weiß noch, dass ich mir totale Gedanken gemacht habe, ob ich es wagen konnte, das zu veröffentlichen. Hätte sich jemand in einem so intimen Bereich negativ geäußert, wäre das wirklich einschneidend für mich gewesen. Heute bin ich meiner selbst sicher genug. Es macht meinen Körper nicht schöner oder hässlicher, wenn andere ihn bewerten. Er ist, wie er ist. Und meine Vulva ist auch so, wie sie eben ist. Die Menschen, die mir folgten, wussten das: Sie hatten sich nicht irgendein perfektes Pornosternchen ausgesucht, um ihm zu folgen, und auch keine makellose Schauspielerin. Sie wollten genau mich und meine persönliche und private Leidenschaft. Aber bevor ich mich noch völlig verrückt machte mit meinen Zweifeln, stellte ich das Video in meinen Kanal. Danach machte ich das Handy aus und wartete darauf, dass Tim nach Hause kam. Ich wollte die Reaktionen nicht alleine lesen. Am nächsten Morgen, nachdem Tim aufgewacht war, fühlte ich mich bereit. Ich öffnete OnlyFans, und da waren tatsächlich sieben Nachrichten von meinen damals zwölf Followern. Mein Herz schlug mir bis zum Hals. Ich spoiler das mal kurz: Die Resonanz war toll. Ausnahmslos alle waren hingerissen.

Einer schrieb, er habe es sich mit dem Video zusammen gleich zweimal selbst gemacht. Ein anderer schwärmte von meiner makellosen Muschi. Der Nächste schrieb, er wünsche sich unbedingt einen Videochat mit mir, weil er bei so einem großartigen Orgasmus auch unbedingt live dabei sein wollte. Und so weiter. Keiner verlor ein Wort über meine vermeintlichen Makel. Ich war berührt. Und langsam begann ich, Schritt für Schritt, nicht nur theoretisch, sondern auch tatsächlich zu begreifen, dass es nicht darum ging, makellos zu sein, sondern darum, authentisch zu sein. Ich hatte das theoretisch natürlich schon analysiert. Aber bis zum wirklichen Verstehen und Annehmen ist es von der Erkenntnis ein weiter Weg. Und für mich eigentlich noch entscheidender: Ich will mich in meinen Videos so zeigen, wie ich mich sehe und wie ich mit mir zufrieden bin. Und so war ich. Das war echt. Und das mochte (trotzdem – oder vielleicht genau deswegen) jemand: ungeschnitten, ungefiltert.

Die nächsten Videos, die ich drehte, stellte ich hinter eine Bezahlschranke. Wer sie sehen wollte, musste noch mal einen kleinen Obolus bezahlen. Ich wollte einfach, dass diese Selbstoffenbarung noch ein bisschen exklusiver wird und mehr Wertschätzung erfährt. „Was nichts kostet, ist nichts wert" – der alte Spruch stimmt schon irgendwie. In diesem Video trug ich zarte Nachtwäsche. Ich baute mir ein kleines Set im Schlafzimmer auf, schnappte mir meinen Lieblingsvibrator und stellte mir vor, jemand würde neben mir liegen und mir zusehen. Genau so stellte ich mein Handy zum Filmen auf. Ich spürte schon fast die Blicke auf meiner Haut, während ich mit der Kamera flirtete. Das

Video zu drehen war für mich unfassbar erregend. Nachdem ich gekommen war, lud ich es hoch, und tatsächlich kauften es über zehn Leute. Das Glücksgefühl, wie tausend Schmetterlinge im Bauch, werde ich nie vergessen.

„Das verstehe ich", sagte Sina. „Das Gefühl, wenn einem jemand was abkauft, was man selbst gemacht hat, ist überwältigend. Und wenn es dann noch etwas ist, in dem so viel von einem selbst steckt, ist das sicher noch viel intensiver."

Genau so ist es. Dabei war das Video im Vergleich zu richtigen Pornos und auch im Vergleich zu dem, wie ich mich später weiterentwickelt habe beim Filmen, ziemlich lahm. Aber es ging bei der Kaufentscheidung um etwas anderes. Es ist, als ob eine Nachbarin, die du schon ein bisschen kennst, masturbiert und du bekommst es mit und kannst sie mehr oder weniger heimlich beobachten. Da geht es nicht um perfekte Körper oder das lauteste Stöhnen. Mittlerweile bin ich mir recht sicher: Auch wenn mein Bauch schwabbelt, würde das vielen nicht auffallen. Trotzdem versuche ich natürlich eher meine Schokoladenseiten zu zeigen. Ich will mich selbst in einem guten beziehungsweise vorteilhaften Licht präsentieren. Nicht nur in einem realistischen. Denn das, was ich zeige, ist nicht die echte Welt. Es ist eine Kunstwelt.

Sina blickte verwundert auf. „Wieso Kunst? Bist das nicht wirklich du?"

Doch. Das bin natürlich ich, erklärte ich. Aber eben nur eine ganz bestimmte Facette von mir. Und die Schwerpunkte sind natürlich anders als im echten Leben. Ich bin online selbstbewusster und klarer als im echten Leben. Und ich zeige meine Schokoladenseite. Ich zeige mich so, wie ich gesehen werden will. Ehrlich und authentisch und gleichzeitig nicht komplett. Niemand will mein dreckiges Geschirr und die Wäscheberge sehen. Und ich will sie auch nicht zeigen. Ich will, dass bestimmte Teile meines Lebens online sichtbar sind. Und andere eben nicht. Im Internet erschaffen wir alle unsere kleinen Scheinwelten. Daran ist nichts Verwerfliches. Wir zeigen uns, wie wir gesehen werden wollen, wir erschaffen uns unser eigenes Bild von uns selbst und auch von unseren zwischenmenschlichen Beziehungen. Ich erzähle offen und ungeschönt auch von den Konflikten mit Partnerpersonen, aber im Endeffekt muss und will ich auch die Würde der Menschen wahren, mit denen ich zu tun habe. Es gibt eben Dinge, die gehen niemanden etwas an.

# Missbrauchtes Vertrauen

„Klingt nach einem ganz schönen Drahtseilakt", sagte Sina. „Hast du zum Beispiel die Sache mit dem Kondom damals online erzählt?"

Die Sache mit dem Kondom. Ja. Die hatte ich erzählt. Sie hatte mich in eine tiefe Krise gestürzt und ehrlich gesagt fast meine Ehe zerstört. Ja, ich habe das erzählt, mich verletzlich gezeigt und menschlich. Und ganz ungeplant habe ich daran später auch gezeigt, wie ich selbst an dem Drama gewachsen bin. Jedenfalls war das damals so: Ich habe Jan gedatet. Jan war perfekt für mich und uns. Nachdem wir einmal Sex hatten, hatte ich Lust, es mal wieder mit ihm zu tun. Das ist bei mir gar nicht so selbstverständlich. Hab ich schon mal gesagt, wie schwierig es ist, es mir recht zu machen? Jan jedenfalls hab ich gleich vertraut. Er war so ehrlich und authentisch, hat nie irgendwas geheuchelt. Unsere Beziehung war immer echt. Ich mag den Begriff

Freundschaft plus nicht, weil Männer darunter meistens etwas ganz anderes verstehen, als ich es tue. Eine Freundschaft ist schließlich wirklich was Wertvolles. Jan und ich jedenfalls hatten etwas, was meiner persönlichen Definition von Freundschaft plus entsprechen würde. Wir waren richtige Freunde. Wir hatten uns über Tinder kennengelernt und mochten uns von Anfang an. Wir sind spazieren gegangen, ins Theater oder an den See. Und wir haben gerne gefickt. So richtig gerne. Nur eine Sache mochte Jan überhaupt nicht an mir und an unserem Arrangement: dass ich unbedingt Kondome benutzen wollte. Jan hasste Kondome. Wir konnten stundenlang rumknutschen und uns überall berühren, aber wenn ich ihn stoppte, bevor sein Schwanz in mich eindringen konnte, verdrehte er jedes Mal die Augen und war genervt. Er friemelte ewig an den Gummis rum, und irgendwie waren diese Kondomüberzieh-Momente immer totale Stimmungskiller. Und dann passierte es nach und nach manchmal, dass wenn wir so kuschelnd und ineinander verschlungen dalagen, sein Schwanz ganz kurz ohne Gummi in mich gerutscht ist. Ich würde lügen, wenn ich sagen würde, dass diese Momente nicht wirklich schön gewesen sind. Es war irgendwie intuitiv. Gleichzeitig war es natürlich falsch und auch verboten, denn eigentlich war die Absprache anders. Tim und ich hatten ja eh nur wenige Grenzen definiert, aber diese gehörte definitiv dazu: Sex nur mit Kondom. Das wusste auch Jan. Das hatten wir besprochen. Mehrfach. Dabei ging es natürlich um handfeste Argumente wie eine mögliche Schwangerschaft und die Übertragung von Krankheiten, aber vor allem darum, dass Regeln zwischen Tim und mir eingehalten werden mussten. Die Regel gegen Jans

Wunsch durchzusetzen war schwierig für mich, denn natürlich war es ohne Gummi schön, und ich hasste diesen Kondom-Cut auch und hatte ein schlechtes Gewissen, weil ich das Gefühl hatte, es für uns beide verdorben zu haben. Ich wollte nicht die strenge Aufpasserin sein. Es geht mir schon gegen den Strich, wenn ich den Kindern zu Hause zum gefühlt tausendsten Mal sagen musste, dass sie bitte dieses oder jenes nicht tun sollten. Bei einem Liebhaber wollte ich diese Rolle nicht. Quasi mit erhobenem Zeigefinger mit dem Gummi wedeln.

Beim allerersten Mal, als Jan kurz in mir war, hab ich zwar gesagt, dass das nicht geht, aber wir haben uns weiter getroffen. Beim nächsten Mal war es tiefer, und ich dachte kurz etwas wie: Jetzt ist es auch schon egal. Er war ja schon mal drin. In dem Moment wollte ich es sogar. Obwohl ich es im Kopf natürlich eigentlich nicht wollte. Ich hab es zwar immer mal gesagt, aber mir kam es dann doch nicht mehr so schlimm vor. Mir gefiel, wie es ihm gefiel und wie viel es ihm zu bedeuten schien. Wie er davon schwärmte, wie gut ich mich anfühle. Das hat was mit mir gemacht. Beim letzten Mal hat sich die Grenze noch weiter verschoben. Wir hatten eine wirklich schöne Nacht gehabt. Wir waren abends um den nahen See gelaufen, und ich hatte das Gefühl, es könnte einfach ewig so weitergehen. Alles war perfekt. Ich liebte unser Arrangement und genoss es in vollen Zügen. Alles war geklärt, offen und frei. Ich übernachtete bei Jan, und diese Nacht voller Sex hat sich unsagbar richtig angefühlt. Morgens bin ich davon aufgewacht, wie er mich unter der Decke wachgeleckt hat. Am Fußende des Bettes stand ein hoher Spiegel, und ich konnte darin sehen, wie er sich unter der Decke bewegte. Ich genoss den Anblick. Er gab sich viel Mühe. Nach einer Weile setzte ich mich auf, und er kam hinter mich und drückte mich nach vorne. Er streichelte meine nasse Pussy weiter, und ich war bald kurz vor dem Orgasmus. Ich war jetzt ganz nah vor dem Spiegel mit meinem Gesicht und konnte beobachten, wie er hinter mir kniete. Da spürte ich seinen Schwanz in mir. Das fühlte sich wahnsinnig gut an. Der Winkel und meine Aussicht waren perfekt. Ich stöhnte und spürte ein Kribbeln im ganzen Körper. Aber hatte er ein Kondom übergezogen? Ich schob den Gedanken für eine Sekunde weg und war ganz bei mir und diesem Gefühl in mir. Er fickte mich für einige Momente fest von hinten. Dann zog er seinen Schwanz aus mir, und ich dachte, er würde das Kondom überziehen und weitermachen. Ich habe mich gewundert, warum ich mich so nass anfühlte. Da sagte er mir, dass er in mir gekommen ist. Ich war schockiert. Damit war die Grenze überschritten, die ich nicht mehr vor mir selbst rechtfertigen konnte. Das musste ich zu Hause erzählen.

Zwischen Tim und mich hat all das einen ganz schön großen Keil getrieben. Aber auch wenn es unsere Beziehung extrem belastet hat – wieder mal –, hat die große Krise mich persönlich auch dieses Mal sehr vorangebracht. Denn das Kondom ist ja nur ein Symbol für einen Automatismus, den nicht nur ich, sondern viele Frauen haben. Zumindest haben mir viele andere genau das rückgemeldet: dass sie selbst auch ihre Grenzen verschieben und ihre Bedürfnisse hinten anstellen, um einem Mann zu gefallen. Ich weiß nicht, ob ich das für mich wirklich abstellen kann. In gewisser Weise bin ich wie gesagt einfach so: Ich will, dass es den Menschen, die mir am Herzen liegen, gut geht. Aber ich bin auf dem Weg, es immer besser zu beherrschen und vor allem zu erkennen: Den Menschen, die ich mag und denen ich am Herzen liege, kann es auch gut gehen, wenn ich meine Grenzen wahre.

Die folgende Zeit, in der ich das Erlebte auf Twitter teilen konnte, hat mir unheimlich beim Reflektieren geholfen. Hätte ich damals schon so bewusst an die Sache rangehen können und wäre es mir besser gelungen, meine Grenzen zu wahren, wäre uns allen viel Schmerz erspart geblieben.

Nach dieser Geschichte war ich tief verletzt und sah Jan von da ab mit anderen Augen. Er hatte mich aus egoistischen Gründen völlig übergangen. Er hatte spontan entschieden, dass eine Grenze, die wir außerhalb des Bettes und rational definiert hatten, nicht mehr gelten soll. Diese Egozentrik hat mich geschockt. Ich nahm an diesem Tag zum ersten Mal die Pille danach und fuhr erschüttert nach Hause. Wie konnte jemand, den ich so gern hatte, mich so hintergehen? Er hatte doch wissen müssen, was das für mich und meine Ehe bedeutete. Ich konnte ihm nicht mehr vertrauen. Aber vor allem war Tim außer sich. Und ich konnte und kann ihn da verstehen. Er war dabei nicht nur sauer auf Jan, sondern in erster Linie auch auf mich. Ich hatte ihm schließlich nicht davon erzählt, dass Jan es mit Kondom-Regel nie so genau genommen hatte und ich nicht so richtig Stopp gesagt habe. Es war mir offenbar nicht gelungen, deutlich genug zu kommunizieren. Wieder einmal. Tim war wütend und verletzt, weil ich unsere Grenze nicht wahren konnte und weil ich ihn nicht gleich eingeweiht hatte. Denn das war das eigentliche, das grundsätzliche Problem zwischen uns. Manche Muster müssen sich offenbar mehrfach wiederholen, eh man sie gänzlich über Bord werfen kann; wenn man es überhaupt jemals kann. An diesem Vertrauensbruch jedenfalls wäre unsere Beziehung beinahe gescheitert.

Es hat einige Monate gedauert, bis meine und auch Tims Verletzung heilen konnten. Wir haben uns aufeinander besonnen und versucht aufzuarbeiten, was passiert war. Es war eine wirklich intensive Zeit, in der ich immer wieder mit den gleichen Vorwürfen konfrontiert war. Am Ende war ich irgendwann an einem Punkt, Tim vor die Entscheidung zu stellen: Konnte er die Verletzung, die er durch meine Heimlichkeiten mit dem Mann im Auto, mit Fred und auch mit Jan erfahren hatte, hinter sich lassen? Für Tim war das schwer, denn er gehört zu den aufrichtigsten Menschen, die ich kenne. Er hat wenig Verständnis dafür, dass ich Dinge heimlich tue, statt sie einfach abzusprechen. Auch wenn er natürlich auch mich schon verletzt hat: Er war nie unehrlich zu mir gewesen oder hat Dinge ohne Absprache getan. Konnte er also mir etwas verzeihen, auch wenn er so wenig Verständnis hatte? Das war ein entscheidender Moment. Doch irgendwann war es genug. Ich bin ein Mensch, der Fehler macht. Ich habe sie in der Vergangenheit gemacht, und sie werden wahrscheinlich auch in Zukunft passieren. Tim musste sich entscheiden: Konnte er mir vergeben oder nicht? Wollte er für alle Zeit all meine Fehler auflisten und die Liste immer länger werden lassen, oder konnte er alte Geschichten wegwischen und mir die Chance geben, mich neu zu beweisen? Es war eine ungewohnte Klarheit, mit der ich mich ihm gegenüber behauptete. Eine Klarheit, die mir selbst und auch Tim deutlich zeigte, dass ich mich entwickelt hatte und gewachsen war. Ich war in der Lage, für mich einzustehen. Ich bin für diese Phase in der Rückschau sehr dankbar. Auch wenn die Erkenntnis meiner eigenen Fehler natürlich schmerzhaft war. Ich bin an dieser Herausforderung gewachsen und habe mir bewusst gemacht, was mir wichtig ist. Als ich kurz davor war Tim zu verlieren, habe ich ganz offen darüber nachgedacht, ob ich diese Ehe eigentlich noch will. Und mich dafür entschieden. Nicht weil es der einfachste Weg ist zu bleiben, sondern weil ich es wirklich wollte. Tim ist meine Basis, mein Nest und meine Familie. Er hilft mir dabei, an mir selbst zu wachsen, ohne dass ich dabei von ihm abhängig wäre. Die Fehler, die ich gemacht habe, konnte ich als Chancen uminterpretieren. Dieser Moment am Scheideweg hat mir geholfen zu lernen, mich zu behaupten. Zumindest schon mal ihm gegenüber, aber bestimmt auch immer besser anderen gegenüber. Und nicht nur ich, sondern auch Tim entschied: Ja, es ist jetzt gut. Ich arbeitete an mir, und was in der Vergangenheit passiert war, konnten und wollten wir beide hinter uns lassen. Seither hat er mir tatsächlich die alten Geschichten nicht mehr vorgeworfen. Jeder hat seine Fehler und Schwächen. Es nützt nichts, sie immer wieder aufzuwärmen. Diese Erkenntnis hat uns in unserer Beziehung einen großen Schritt weitergebracht. Ich weiß nicht, ob mir so was je wieder passieren wird. Ich weiß nicht, ob ich die gleichen Fehler wieder mache. Ausschließen will ich es nicht. Irgendwie ist es eben doch Teil meiner Persönlichkeit. Aber ich gebe mir selbst gerne die Chance, mich zu entwickeln. Und ich bin Tim dankbar, dass er mich dabei unterstützt.

Mir fehlte Jan irgendwie. Es war ja auch weniger meine als eher Tims Entscheidung gewesen, dass wir den Kontakt dauerhaft abgebrochen haben. Vielleicht war das auch nötig gewesen als deutliches Signal.

Nach ein paar Monaten jedenfalls haben Tim und ich beschlossen, dass ich auch wieder daten könnte. Ich versuchte es über Tinder, ich flirtete ein bisschen, aber irgendwie verglich ich jeden Kerl mit Jan. Trotzdem ergaben sich ein paar spannende Matches. Markus zum Beispiel chattete sehr nett mit mir und brachte mich zum Lachen. Doch dann sagte er, dass er nur Sexting wolle und keine echten Treffen wegen seiner Frau, und ich hatte keine Lust auf eine kostenlose Online-Affäre. Timo blies in ein ähnliches Horn und schickte mir Fotos seines Spermas gleich in der dritten Nachricht, und Mats war erst total sympathisch, aber dann überlegte er es sich anders: Er wolle kein Abenteuer sein, sondern die echte und einzige Liebe finden. Ich traf mich zum Date mit Philip, den ich fast geküsst hätte, weil wir uns echt gut verstanden haben, aber dann hätte ich mir gewünscht, dass er sich mehr um mich bemüht hätte, und ohne dass wir beide so richtig sagen konnten, warum, haben wir das mit dem Daten dann doch wieder gelassen. Bei David hatte Tim seine Bedenken, weil sie sich flüchtig aus dem Fitnessstudio kannten und das doch irgendwie seltsam war, und Daniel hatte Mundgeruch. Wie schade. Das Schreiben mit ihm war verheißungsvoll gewesen. Der 20-jährige Kilian fand die Vorstellung einer Älteren heiß, und ich merkte, wie er einfach vor seinen

Kumpels mit mir angeben wollte, und Lars war beim Date sicherlich 20 Kilo schwerer als auf den Bildern. Theo gefiel mir, aber er sagte, dass er eigentlich eine Frau sucht, mit der er Kinder haben könne, und machte klar, dass er es gerne mit mir versuchen wollte, aber nur so lange, bis „die Richtige" kommt. Dafür war ich mir zu schade. Und immer wieder kam mir Jan in den Sinn. Mit ihm war es einfach anders gewesen.

Und auch Tim fand, dass es vielleicht sogar gut wäre, wenn ich und Jan uns wieder annähern würden. Mit ihm hatte einfach unfassbar vieles gepasst. Er hatte einen Fehler gemacht, ja. Aber zumindest waren die Fronten geklärt, und wir kamen ansonsten alle gut miteinander klar. Tim war sich zumindest sicher, dass der gleiche Fehler wohl kaum wieder passieren würde. Und vielleicht würde es mir auch helfen, unseren Konflikt richtig aufzuarbeiten. Durch den großen Bruch war Jan die Ernsthaftigkeit der Lage bewusst. Jan war einverstanden mit seiner Rolle, und sie war ihm sogar recht. Und er hat die Gabe, mir genau das zu geben, was ich brauche. Und das ist nicht nur Sex. Ich mag dieses Gefühl, umfassend begehrt und gebraucht zu werden, dass ich wirklich wichtig für ihn bin und nicht nur eine Durchgangsnummer. Ich will umsorgt, gestreichelt und verwöhnt werden. Ich will ins Theater gehen und ins Restaurant. Und ich will morgens kuschelnd Sex mit jemandem, dem ich viel bedeute.

Bis Jan und ich wieder richtig zueinanderfanden und uns nah waren, dauerte es ein bisschen. Das Vertrauen musste neu wachsen. Aber irgendwann hatten wir auch wieder Sex. Und siehe da: völlig unstressig mit Kondom.

Er hat es nie wieder infrage gestellt. So wichtig war es in Wahrheit nämlich dann doch nicht.

Heute sind unsere Beziehungen sehr entspannt. Tim und Eva lieben die Leichtigkeit zusammen. Jan und ich teilen eine große Vertrautheit. Unsere Partner außerhalb unserer Ehe geben uns jeweils genau das, was wir brauchen. Dass das nicht bei beiden das Gleiche ist, fühlt sich manchmal seltsam an. Doch Beziehungen lassen sich nie vergleichen. Sie sind eben, wie sie sind. Wir alle mussten in dieses Leben zu viert erst reinwachsen. Tim tut sich manchmal hart damit zu sehen, wie zärtlich die Beziehung zwischen Jan und mir ist. Und mir ist es manchmal noch unangenehm zu merken, wie sehr sich Eva um ihn bemüht und ihm das Leben bei ihr so schön macht, dass ich manchmal denken könnte, für ihn wäre es einfacher und schöner, einfach dortzubleiben. Gleichzeitig spüren wir beide auch, wie wunderschön es ist, einander dieses Glück zu gönnen und all diese Herausforderungen und Highlights zu teilen. Es ist ein Geflecht, mit dem jeder von uns leben und sich wohlfühlen können muss. Zumindest ein bisschen muss sich jeder von uns auch mit den anderen Beziehungen der Beteiligten auseinandersetzen. Für mich ist das wunderbar und bereichernd. Als wäre der Alltag und meine Familie die eine Welt und das, was ich mit Jan habe, eine andere. Wie eine Insel, auf die man vom Festland jederzeit reisen kann. Ich liebe diese zwei Welten. Mein übergroßes Bedürfnis nach Nähe, nach Sorgen und Umsorgtwerden, nach verantwortlich sein, nach Kümmern und Herzklopfen wird durch unser Arrangement erfüllt. Ich will das nicht mehr anders, sondern genau so, wie es ist. Tim auch. Und Jan und Eva ganz sicher auch. Keine echte Verantwortung, keine Rechenschaft ablegen, keine zwingende Verbindlichkeit – sondern einander einfach guttun. Das ist eine wunderbar leichte, erfrischende Art der Beziehung. Wie damals als Teenager, nur entspannter.

Ich hatte Sina natürlich schon hier und da von Jan erzählt. Sie wusste, dass ich gerne mit ihm Zeit verbrachte. Aber so ganz verständlich war es ihr nicht.

„Bist du eigentlich in Jan verliebt oder nicht?", fragte sie.

„Ich hab schon auf die Frage gewartet", lachte ich. „Was heißt denn verliebt sein?" Herzklopfen? Das fühle ich auch, bevor ich eine wichtige Präsentation halte. Oder Vertrautheit? Die fühle ich auch mit engen Freunden. Vorfreude und das Gefühl von Vermissen? Das fühle ich auch, wenn ich ans nächste Konzert mit dir denke. Oder Geilheit? Das wird nämlich auch oft verwechselt. Ich kann mit der Frage nach dem Verliebtsein nichts anfangen. Ich mag nicht, dass da „Liebe" drinsteckt. Alles mit Liebe klingt so groß und verbindlich. Als wäre es eine Ja-/Nein-Entscheidung und irgendwie endgültig. Ich hab oft ein kribbeliges Gefühl. Das kommt und geht. Ich bin verliebt in unsere Art zu leben. Ich liebe die Freiheit, die Offenheit, die Ehrlichkeit und die Gewissheit, dass alles möglich ist. In dieses Leben bin ich verliebt. Und Jan hat einen festen Platz in meinem Herzen. Er ist längst nicht mehr austauschbar.

„Und Tim? Und Eva?", fragte Sina. „Sind sie verliebt?"

Ich glaube nicht. Auf eine Art vielleicht. Aber Tim ist auch nicht so der Gefühlstyp. Sie kommen gut klar miteinander und haben gewisse Verbindlichkeit. Sie lachen zusammen und lieben ihre Running Gags. Sie sind sicherlich mehr als Kumpels. Ich nehme an, das sieht von außen wie Verliebtheit aus. Aber dass er mich jetzt plötzlich – nachdem das jahrelang mit ihr läuft –, ihretwegen verlassen würde? Das glaub ich nicht. Es ist schlichtweg nicht nötig. Er kann mit ihr und mir gleichzeitig zusammen sein.

Während sich unsere Quasi-poly-Beziehung im Real Life langsam einspielte, wurde mein Onlinebusiness immer größer und meine Rolle in beiden Lebensbereichen immer stärker. Ich drehte immer häufiger Videos und liebte es, wie ich durch immer weitere Sonderwünsche motiviert wurde.

Sina und ich saßen eine Weile schweigend da und hingen unseren Gedanken nach. Eine Freundin mit ihrem neugeborenen Baby kam vorbei und fragte, ob sie den kleinen Matthes kurz hier stehen lassen könnte. Er schlafe ohnehin. Klar, kein Problem. Ein schlafendes Baby sollte unser Gespräch kaum stören. Doch nach ein paar Minuten fing Matthes an, herzzerreißend zu schreien. Ich nahm ihn hoch. Er war gerade erst gestillt worden, Hunger hatte er also wohl nicht. Ich schunckelte ihn ein bisschen und klopfte sanft auf seinen Rücken. Und da kam es, wie es kommen musste: Ein ansehnlicher Schwall halb verdauter Milch landete auf meinem Oberteil. Uargs. Das war eklig. Ich versuchte kurz, mich sauberzutupfen, aber das war völlig aussichtslos. Also drückte ich Sina das Baby in die Hand und ging schnell ins nahe gelegene Café, um mich einigermaßen herzurichten. Mein Oberteil war nass und roch nach Babykotze. Ich zog Oberteil und BH aus und meine Jacke wieder an, die ging auch ohne was drunter als Outfit durch. Ich betrachtete mich kurz im Spiegel. Das sah sogar ziemlich heiß aus. Den Reißverschluss hatte ich noch nicht zugemacht, meine festen Nippel und meine weichen Brüste lugten unter der groben Jacke hervor. Also machte ich noch schnell ein paar Fotos von mir in Jeans und offener Lederjacke. Dann zog ich den Reißverschluss zu, ging wieder nach draußen und setzte mich zu Sina, die gerade damit beschäftigt war, Matthes zu einem Schnuller zu überreden.

„Da wird Tom aber traurig sein, wenn sein Geschenk voller Babykotze ist", lachte Sina, während sie sich weiter um Matthes kümmerte.

Das verschaffte mir Zeit. Ich lud die Fotos mit der offenen Lederjacke hoch und erzählte meinen Followern von meinem Missgeschick. Auch wenn die Story etwas eklig ist: Wir haben herzhaft drüber gelacht. Das ist, was mir an meiner Arbeit so Spaß macht. Diese Verbindung von Sex und Alltag, ohne dass beide Bereiche irgendwie miteinander zu tun hätten. Das Foto mit meinem Nippel, der sich gegen den harten Reißverschluss der Jacke drückte, sollte eine Weile mein Profilbild bleiben. Ein Mann kommentierte, ihm gefalle, wie sich das süße Igelschnäuzchen an die grobe Jacke schmiege. Seitdem ist das bei uns zu Hause ein Running Gag: mein Nippel, das Igelschnäuzchen.

Als Sina Matthes zum Schlafen gebracht hatte, setzte sie sich zu mir. Rund um Milch musste ich unbedingt noch ein paar Geschichten erzählen.

# Gemeinsam lachen, online zusammenwachsen

Die meisten meiner Follower sind ganz normale Männer. Sie teilen mit mir ihre geheimen Wünsche oder gönnen sich mit mir eine kleine Fantasie. So ganz „normal“ sind aber wahrlich nicht alle Anfragen. Manches bringt mich echt zum Lachen.

## Das Milchgate

Dass Männer, wenn sie hören, dass ich Kinder geboren und gestillt habe, fragen, ob aus meinen Brüsten noch Milch kommt, hat mich beim ersten Mal noch überrascht, aber es kam tatsächlich mehrmals vor. Sie hätten gerne ein Video davon, wie ich einen Mann stille oder auch, wie ich aus meinen Brüsten Milch spritze. Ich erzählte auch Jan von der verrückten Anfrage. Doch statt zu lachen, schaute er verlegen in die Ecke und rückte schließlich damit raus, dass Milch aus der Brust zu saugen ein großer bisher unerfüllter Sexwunsch von ihm sei. Stillende Frauen und auch Schwangere würden ihn besonders anmachen. Sie seien so voller Leben. Puh. Ich habe meine Kinder jeweils über ein Jahr gestillt. Damals hatte ich Tim auch gefragt, ob er die Milch probieren wolle. Ist ja interessant, wovon sich die eigenen Kinder so ernähren. Wollte er nicht und fand es auch nie anturnend. Andere offenbar schon. Jetzt also, vier Jahre, nachdem ich abgestillt hatte, fragte ich mich selbst: Würde da noch was kommen?

Jedenfalls habe ich es versucht, und es kam natürlich nichts. Und wieder fing ich an zu googeln und holte mir Erfahrungswerte anderer Frauen. Vor meinem inneren Auge tauchte immer wieder Ramona Drews auf. Au weia. Konnte ich den Milchfluss auch ohne Schwangerschafts- und Geburtshormone zurückholen? Vielleicht, bei manchen klappte es wohl. Ich kaufte mir eine Milchpumpe und legte sie etwa fünf Mal am Tag an. Nach zwei Wochen gelang es mir, drei Tropfen abzuzapfen. Aber das Prozedere war mühsam und wirklich zeitaufwendig. Also hörte ich wieder auf. So wichtig war es mir dann auch wieder nicht. Dass das noch mal spritzen würde, hielt ich für unwahrscheinlich.

Aber die Milchgeschichte ist damit nicht zu Ende. Eines schönen Tages schrieb mir nämlich Michael, der von dem Milchexperiment gehört hatte, dass er auf Milch abfährt, die über meinen Körper laufen sollte. „Ich kann keine Milch mehr geben“, schrieb ich ihm zurück. „Nein! Keine Muttermilch! Kuhmilch! Mach dir davon ein großes Glas voll und trink es genussvoll vor der Kamera. Dabei machst du eine Sauerei: Die Milch soll dir links und rechts aus den Mundwinkeln und über deine nackten Brüste laufen." Alles klar, dachte ich erst, das ist ja völlig absurd. Aber dann hab ich gar nicht lang überlegt und es einfach gemacht. Es war grad abends, und ich machte den Kindern ihren Kakao und schenkte mir ein großes Glas Milch ein, mit dem ich mich dann in mein Zimmer verzog. Handtücher auf den Boden, Licht einstellen, Kamerastativ aufbauen, Perücke auf, damit man mich trotz halbem Gesicht auf dem Video nicht erkennt. Und dann ging es los. Bei den ersten zwei Versuchen bekam ich einen Lachanfall, dann musste ich erst mal nachfüllen. Beim dritten Versuch bekam ich einen Schreck, weil mir die kalte Milch aufs Bein getropft ist, beim vierten verschluckte ich mich, beim fünften wusste ich nicht, was ich machen soll, wenn die Milch gelaufen ist. Wieder musste ich nachfüllen. Beim sechsten Versuch rief meine Tochter nach mir, und ich musste mir rasend schnell etwas überziehen und kurz zu ihr gehen. Beim siebten Anlauf hat alles geklappt. Juhu! Ich habe das Glas Milch so sinnlich wie ich konnte getrunken und über mich laufen lassen. Ich schickte Michael das Video und bot es auch anderen an. Manche fanden es geil, andere haben mit mir gelacht. Jedenfalls war es ein lustiger Abend für mich und viele meiner Follower. Und solche lustigen gemeinsamen Erlebnisse hatten wir viele. Gemeinsam zu lachen, gehörte genauso zu meiner sexuellen Revolution wie ein immer offener Umgang mit meiner echten Erregung. Als Tim später nach Hause kam und ich noch dabei war, die Spuren von Milch aus meiner Perücke zu waschen, schaute er kurz im Bad vorbei, sah, was ich da tat, blickte mich fragend an und schloss dann lachend die Tür mit dem Kommentar: „Ich glaub, ich will es gar nicht so genau wissen."

## Golden Shower

Ich kann nicht verhehlen, dass ich ein bisschen unbedarft war, bevor ich in die Welt des Online-Sex eingedrungen bin – und vielleicht (also nur ganz vielleicht) war ich auch ein bisschen naiv. Ich war und bin immer wieder überrascht, wie groß die Bandbreite menschlicher Gelüste tatsächlich ist. Es dauerte gar nicht lange, da fragten mich zum Beispiel die ersten Follower nach NS. Ich fing an zu googeln und hatte schon Angst, es hätte irgendwas mit Nazis zu tun. Aber nein, NS bedeutete Natursekt. In meiner grenzenlosen Naivität ging ich davon aus, es handle sich tatsächlich um Sekt und sah mich schon im Garten mich selbst mit Limo übergießen. Ich antwortete, dass ich keinen Alkohol tränke. Funkstille. Vielleicht hatte ich das doch irgendwie falsch verstanden, also fragte ich Tim. Der bekam den Lachanfall seines Lebens. Natursekt sei Pisse. Ach du meine Güte. Damit hatte ich nun wirklich überhaupt keine Erfahrung. Natürlich wusste ich, dass manche Menschen irgendwelche Pinkelspiele machten, aber für mich war das damals unfassbar weit weg. Ungefähr so weit weg, wie ein Dominastudio zu betreiben. Zumindest am Anfang. Denn wenn sich die Anfragen häufen, dann denk ich in der Regel schon immer ein bisschen drüber nach, was es damit auf sich hat. Bei Followern, die mir vertrauter waren und die ebenfalls danach fragten, hab ich achtsam nachgehakt. Was ihnen daran gefiele, was genau sie sich wünschten und so weiter. Am Ende wollte ich doch mehr darüber wissen und hab es einfach für mich ausprobiert. Also zuerst dachte ich, ich mach es einfach. Vor der Kamera pinkeln: Das kann ja nicht so schwer sein. War es dann aber irgendwie doch. Auf Kommando und beobachtet, das war wirklich gar nicht so einfach. Also doch in kleinen Schritten. Ich hab immer mal wieder in der Dusche gepinkelt und den warmen Strahl über meine Hand laufen lassen. Das war schon erst mal eine Überwindung. Doch nach einer Weile kam es mir gar nicht mehr so seltsam vor. Ich spielte ein bisschen mit der Pisse, ließ sie sich in meiner Hand sammeln und langsam durch meine Finger rinnen. Sie kam mir etwas weicher vor als Wasser. Und diese kleine innere Überwindung fühlte sich kribbelig an. Den erotischen Mehrwert erkannte ich jedoch nicht unbedingt. Aber eklig kam es mir auch nicht mehr vor. Im zweiten Step wollte ich es beim Masturbieren versuchen. Erst dachte ich drüber nach, ob ich es draußen im Garten machen sollte. Im Bett auf gar keinen Fall, das wäre eine riesen Sauerei, die ich nicht wegmachen wollte. Ich war schon froh, dass die Kinder nicht mehr oder kaum noch ins Bett pinkelten. Da würde ich jetzt nicht selbst damit anfangen. Und eine Plane unterzulegen, kam mir noch abstruser vor. Am Ende spritzt das in alle Richtungen, und ich muss aufpassen, dass nichts in irgendwelche Ritzen läuft, wie es in der Kamera aussehen würde und dabei noch mich selbst irgendwie zum Masturbieren entspannen. Das war aussichtslos. Also wählte ich die für mich naheliegendste und bequemste Lösung: die Dusche.

Das richtige Timing, wann ich Sexbefriedigungsvideos drehen konnte, war ja ohnehin etwas knifflig. Das jetzt so hinzukriegen, dass ich da auch noch genug pinkeln musste, war eine echte Challenge. Es dauerte ein paar Tage, bis es klappte. Doch dann war es so weit. Ich hatte mit meinen Eltern vereinbart, dass sie die Kinder um 12 Uhr abholen und eine Stunde mit ihnen einen Spaziergang machen sollten. Ich habe den Vormittag über ausreichend getrunken und mir mit großer Mühe verkniffen, zur Toilette zu gehen. Sonst wäre ja der ganze Effekt dahin gewesen. Als ich endlich ungestört war, ging ich ins Bad. Ich richtete meine Kamera vor der Dusche ein und zog mich schnell aus. Meinen Vibrator hatte ich schon bereitgelegt. Ich konnte es kaum erwarten, dass das Wasser endlich plätscherte. Der Drang zu pinkeln wurde immer größer. Ich hatte alle Mühe, meinen Bauch ein bisschen einzuziehen, und das Gefühl von zwei Litern Urin in meinem Körper. Als das Wasser über meinen Körper rann, begann ich sanft, mich selbst zu berühren. Dabei checkte ich immer wieder unauffällig die richtige Ausrichtung der Kamera, denn so schnell könnte ich keinen neuen Versuch starten. Dieses erste Mal musste einfach klappen. Während ich mich selbst streichelte, wollte ich mich entspannen und den goldenen Saft einfach laufen lassen. Tja. Pustekuchen. Alles in mir verkrampfte sich. Es kam kein einziges Tröpfchen. Ich lehnte mich an die Wand und versuchte es weiter. Konzentrierte mich und ließ völlig los. Da spürte ich den festen Strahl direkt auf meine Finger spritzen. Nur ganz kurz, dann war wieder Pause. Ich fingerte mich intensiver. Und während meine Finger in mir steckten, fühlte ich sanft und zart meine warme Pisse über meine Hand laufen. Diese komplette Entspannung beim Masturbieren hatte ich noch nie zuvor gefühlt. Das vollständige Loslassen aller Muskeln zusammen mit dem

Schamgefühl, vor laufender Kamera zu urinieren, war fast erhebend. Ich musste lachen, weil es sich so intensiv und nach einem heftigen Kontrollverlust anfühlte. Dann stellte ich mir vor, wie sich schon heute Abend meine Follower dieses Video anschauen und sich vorstellen würden, ich würde direkt in ihren Mund pissen. Ich nahm den Vibrator und machte es mir selbst. Ich stöhnte. Ich fühlte mich, als würde ich fliegen, war fast wie in Trance. Die Spannung und Entspannung beim Orgasmus war überwältigend. Als ich mich wieder saubergemacht hatte, verließ ich die Dusche, wickelte mich in ein flauschiges Handtuch und sank zufrieden auf den Badezimmerboden. Ob ich mir das Video anschauen konnte? Es war wirklich intensiv gewesen. Ich war und bin noch immer total froh, dass ich diese bedeutende Erfahrung aufgenommen habe. Bevor ich das Video verschickte, habe ich rumgefragt, wer es tatsächlich haben will, ich wollte es niemandem ungefragt aufdrücken. Tatsächlich verkaufte es sich überdurchschnittlich oft. Ein paar hat es so angeturnt, dass sie mehr wollten. Viele andere haben sich einfach mit mir zusammen über meine neue Erfahrung gefreut und es unter diesem Gesichtspunkt gerne angeschaut. Es dauerte übrigens nicht lange, da hat OnlyFans das Video wieder gelöscht. Denn Natursekt – oder auch Golden Shower – verstößt gegen ihre Richtlinien. Schade. Und auch wenn ich diese Erfahrung auf keinen Fall missen wollen würde, es ist bei einer einmaligen Sache geblieben. Dass mich jemand anderes anpinkelt, ist übrigens immer noch völlig ausgeschlossen für mich. Mich macht das überhaupt nicht an. Dass ich einen meiner Partner im Real Life anpinkle, kann ich mir auch eher nicht vorstellen. Wenn sie es sich wünschen würden, vielleicht. Ich habe schon gelernt, dass ich so was mal lieber nicht kategorisch ausschließe. Man weiß ja nie, was kommt.

## Eine aktive Community

Ich liebe interaktive Aktionen, bei denen meine Follower und ich gemeinsam Dinge erleben, wenn sie mir Aufgaben stellen oder wir gemeinsam neue Herausforderungen suchen. Einmal im Jahr – immer in der Adventszeit – mache ich zum Beispiel eine Adventskalenderaktion, bei dem Menschen Türchen kaufen dürfen. Wer ein Adventskalendertürchen für sich reserviert hat, der darf für diesen Tag einen Wunsch äußern: ein bestimmtes Foto, ein Video, eine Audiodatei oder sonst eine Aufgabe. Er zahlt dafür einen bestimmten Betrag, und ich versuche, so gut es geht, den Wunsch zu erfüllen. Im letzten Jahr war das zum Beispiel, dass ich eine brennende Kerze mit meinem Po balancieren sollte oder harmlose Dinge wie eine Lichterkette um meine Füße. Außerdem habe ich ein bestimmtes Foto aus dem Playboy nachgestellt: einen Stern aus Puderzucker auf meinem Popo. Ich habe mich in einem Video am ganzen Körper eingecremt und meine Nippel nach genauer Vorgabe geknetet. Und dann war da noch der Wunsch mit dem Foto von mir beim Training mit einem Playmobil-Salamander. Mal war ich mit Engelsflügeln ausgestattet, und mal hab ich eine Schleife um den Körper getragen. Als es geschneit hat, hab ich ein Video gemacht, wie ich barfuß durch den Schnee streife. Wir hatten viel Freude miteinander.

## Pisse einer Jungfrau – und andere strange Anfragen

Nichts liegt mir ferner, als mich über die Kinks anderer Leute lustig zu machen, aber manches ist halt schon sehr schräg. Spannend ist, dass meistens, wenn Männer schreiben: „Darf ich was fragen? Es ist aber ein bisschen ungewöhnlich, und ich weiß nicht, ob dir das recht ist", völlig harmlose Sachen kommen, die ich ganz normal beantworten kann. Die wirklichen Überraschungen kommen völlig unvermittelt und in der Regel ohne Vorwarnung. Zum Beispiel diese Fragen, die zu meinen Highlights gehören:

Neulich wollte ein Kerl wissen, ob ich Pisse einer Jungfrau hätte. What? Woher? Äh. Nein. Was macht die Pisse einer Jungfrau so besonders?

Oder: „Kann ich mit dir Videotelefonie machen, aber so, dass deine Kamera auf dein Handgelenk gerichtet ist? Und du sollst einen Haargummi am Handgelenk haben?" – Mmh. Ja. Also. Ich hab keine Haargummis. Aber einen Einweck-Gummi. Geht das auch? Und will ich wissen, was dir daran gefällt? Nein. Ich glaube, das will ich lieber nicht wissen …

„Kannst du mir einen Liter deiner Pisse schicken, und ich sende dir dann ein Video davon, wie ich es trinke?" Puh, ja, ne, lieber nicht. „Dann Spucke?"

„Schickst du mir deinen eingeschweißten Plug? Ich will ihn gerne sauberlecken." Uuuuu. Ich weiß nicht. Ich mach vorher immer Einläufe und bin da echt sehr reinlich. Da wirst du nicht viel zum Ablecken haben. „Ja, ok, dann lieber nicht.“ „Darf ich meinen Eltern ein Bild von dir zeigen und sagen, du wärst meine Freundin?“ Nein. Ich will keine Fotos von meinem Gesicht veröffentlichen. „Nein, nein. Kein Gesichtsbild.“ Doppelt puh. Was soll denn sonst auf dem Bild drauf sein?

Die Frage, ob er mir beim Kacken zuschauen darf, kommt gar nicht selten. Es haben mir schon mehrmals Männer gesagt, dass sie nicht auf Sex stehen, aber sie lieben die Intimität beim Stuhlgang.

Einmal sollte ich in eine Flasche pupsen und das dann verschicken (nein, auch das hab ich nicht gemacht). Aber vielleicht fang ich irgendwann noch an, mein Badewasser zu verkaufen. Abgefüllt in niedlichen Flaschen. Das kommt mir mittlerweile gar nicht mehr seltsam vor. Ein anderer wollte ganz harmlos, dass ich ihm Zeitschriften schicke, die ich durchgeblättert habe. Warum auch immer.

Manches würde mich ja schon interessieren, aber nachfragen will ich auch nicht unbedingt. Die wenigen Male, wo ich bei außergewöhnlichen Anfragen Hintergründe und Details wissen wollte, bereute ich schnell. Denn viele, die außergewöhnliche Kinks haben, können darüber kaum mit jemandem reden und fehlinterpretieren Nachfragen als echtes Interesse. Also ist meine einzige Antwort auf Fragen und Bitten, denen ich nicht entsprechen kann oder will: Nein.

„Mir hat schon mal jemand auf Instagram geschrieben, dass er tierisch auf meine Wanderschuhe abfahren würde, und mich gefragt, ob er sie kaufen kann", sagte Sina nachdenklich. „Das kam zwar sehr unvermittelt, war aber schon auch spannend. Nach einigem Hin und Her habe ich mich sogar getraut nachzufragen, was ihn so anmacht, weil ich es wirklich verstehen wollte. Ich hätte ihm die Schuhe auch verkauft, aber im Endeffekt kam es nicht zustande. Er wollte nur Fotos und hat tausend Fragen gestellt dazu, wie viel ich sie getragen habe und so weiter. Die Schuhe hab ich immer noch", lachte sie.

Davon konnte ich ein Lied singen. „Den Fehler hab ich am Anfang auch gemacht", erzählte ich. „Ich hab mich viel zu viel auf Diskussionen eingelassen. Aber viele wollen sich einfach nur wichtigmachen und freuen sich, wenn sie Aufmerksamkeit kostenlos abgreifen können."

Ich erinnere mich tatsächlich gut an das eine Mal, dass mich jemand angeschrieben hat, um mir was abzukaufen. Das war, als ich mit meinen Kindern im Urlaub war. Wir waren zelten mit meiner Mutter an der Ostsee und haben viel Zeit miteinander verbracht, echt schön. Damals war ich noch recht neu im Online-Sexgeschäft. Ein Mann wollte gerne meine getragene Unterwäsche kaufen. Hatte ich noch nie gemacht, aber grundsätzlich nichts dagegen. Doch dann gings ziemlich schnell ans Eingemachte. Er wollte Fotos davon, wie ich die Unterwäsche trug, und auch bestimmte Nachweise, dass das tatsächlich ich war auf den Bildern. Dann, dass ich beschrieb, wie es sich anfühlte, mit dem Höschen und einem kurzen Rock im Sand zu sitzen, und er fand es toll zu lesen, dass ich das Höschen seinetwegen mehrere Tage lang trug. Wenn ich also ein bisschen Zeit für mich hatte und meine Mutter mit den Kindern beschäftigt war, machte ich für ihn Fotos und erzählte ihm, was er hören wollte. Das immer irgendwo dazwischenzuschieben war schon herausfordernd. Es waren lange Chats, in denen er immer wieder beteuerte, wie sehr er sich auf mein Höschen freue. Ich fragte ihn nach einer Adresse und bat ihn, das vorher vereinbarte Geld zu überweisen. Doch er tat es nicht. Stattdessen flüchtete er sich in Ausreden und meinte schließlich, er melde sich mit der Überweisung im nächsten Monat wieder. Was für eine Zeitverschwendung. Ihm hatte das viel Spaß gemacht und ihn angeturnt, da bin ich sicher. Für mich war es nur enttäuschend, und ich fühlte mich irgendwie auch betrogen. Immerhin, ich hatte zumindest einen kleinen Lerneffekt zu verbuchen. Aber ich will nicht behaupten, dass es das letzte Mal war, dass mich jemand um eine Gegenleistung geprellt hat. Die Diskussionen, ob ein Dickpic eine geeignete Gegenleistung ist, will ich hier gar nicht weiter erwähnen. Denn nein, ist es nicht. Auch eine erotische Geschichte ist keine geeignete Gegenleistung für meine sexuelle Dienstleistung.

„Verkaufst du dann gar keine getragenen Höschen oder so was?“, fragte Sina. „Oder hast du da mittlerweile eine Methode gefunden, die für dich taugt? Das ist ja die sexuelle Dienstleistung, die ich noch am ehesten kannte … Höschen oder Strümpfe oder Schuhe … Dafür gibt es ja einen Markt. Hab ich mal in einer Doku gesehen“, erinnerte sich Sina.

Ich rollte mit den Augen. „Das stimmt. Das hat Tim mir schon so oft und immer wieder als Idee präsentiert: Du musst Höschen verkaufen! Aber ich sag dir eins: Das ist Schwerstarbeit. Es gibt natürlich Portale und spezielle Marktplätze dafür. Aber einfach so über Twitter läuft es vor allem auf eins hinaus: stundenlange Diskussionen. Darauf hab ich mich ein paarmal eingelassen und bin mittlerweile so weit, dass ich einfach immer Nein sage. Ich hab schlichtweg keine Lust auf die ewigen Absprachen zu der richtigen ‚Veredelung'. Dann soll ich Fotos vorab schicken, und es muss vereinbart werden, was genau ich mit dem Höschen mache. Die meisten Männer wollen eh, dass man ein Höschen mehrere Tage hintereinander anzieht. Ich hab es ausprobiert und ehrlich: Schon ab Tag 2 find ich das total eklig und hab ständig das Gefühl, mich waschen zu wollen. Das sollen mal andere machen. Einige Frauen sind da ja richtig fit drin. Ich nicht. Muss ja nicht jeder alles anbieten. Socken hab ich ein paarmal verkauft. Aber mich macht das irgendwie nicht an. Ich will mir nicht vorstellen, wie jemand an meinen Socken riecht. Und das ist ja eigentlich das, was den ganzen Spaß daran ausmacht: dass es auch mir was gibt. Das Geld spielt da nur eine untergeordnete Rolle."

Füße sind ja insgesamt ein riesen Thema im Sexbereich. Das fand ich eigentlich von Anfang an ziemlich spannend. Was manchen Männern daran gefällt, wie das geht, worauf man achten muss. Nachdem sich die Anfragen für Fußcontent in meinen Direktnachrichten gehäuft haben, bin ich immer neugieriger geworden. Ich hatte meine Füße eigentlich vorher nie so sonderlich arg beachtet, finde sie auch nicht besonders schön. Aber ich wollte rausfinden, was rund um Füße alles möglich und sexy ist. Ich hab also ein paar Fotos von meinen Füßen gemacht. Das geht ganz anders als bei anderen Fotos von sich selbst. Die Einstellung, die Perspektive: Das musste ich alles etwas anders aufziehen als gewohnt. Aber ich probierte ein bisschen herum: Aufnahmen mit Netzstrümpfen und pur, nach dem Baden, wenn die Zehen noch ganz schrumpelig sind und frisch eingecremt. Und dann steigerte ich mich zu kleinen Videos. Ich habe meine Füße gefilmt, wenn ich sie eingecremt habe, und irgendwann hab ich es auch geschafft, kleine Aufgaben mit den Füßen zu übernehmen. Ich habe mit Creme auf meinen Zehen ein Bild an den Spiegel gemalt und Federn vom Boden aufgehoben. Und schließlich hat mir Tim – nach ein bisschen Überredung – erlaubt, dass ich ihm mit meinen Füßen einen Foot-Job gebe. Ich habe also seinen Schwanz mit meinen Füßen massiert und gewichst. Das war schon ein besonderes Gefühl. Aber danach war der Zauber für mich erledigt. Ich hatte es genossen, diesen neuen Bereich zu entdecken, aber mein persönlicher Lustgewinn stellte sich dabei nicht ein. Durch meinen kleinen Einblick in diesen Erotikzweig bemerkte ich allerdings, wie groß diese Nische ist und wie vielfältig. Und das ließ meinen Ehrgeiz doch wieder erwachen. Ich überlegte ein paar Tage, wie ich es schaffen könnte, meinen Platz in der Fuß-Nische zu finden, ohne dass ich dafür wahnsinnig viel Content selbst produzieren müsste. Vielleicht über einen Fuß-Content–Pool mit verschiedenen Füßen? Ich richtete mir deshalb einen zweiten OnlyFans-Kanal speziell für Frauen-Füße ein und schrieb verschiedene Frauen an, die gerne Fuß-Content produzierten. Ich kaufte von ihnen Fotos und Videos ein und veröffentlichte sie auf meinem neuen Fuß-Kanal. In der Theorie finde ich das nach wie vor eine geile Idee. In der Praxis hat sich das aber nicht durchgesetzt. Und zwar aus zwei Gründen: Erstens fehlt bei so einem Pool natürlich die Persönlichkeit. Die Kunden wollen ja eben bestimmte Füße sehen und dann auch genau mit dieser Frau chatten. Aber das ist vielleicht noch der kleinere Punkt. Das hätte man ja lösen können. Der viel entscheidendere zweite Punkt ist: Ich war nicht wirklich mit Herzblut dabei. Genau das, was meinen Bettflüsterin-Account groß gemacht hatte, fehlte mir beim Fuß-Kanal: die Leidenschaft und die Lust darauf, Kunden da abzuholen, wo sie sind. Das ist wie bei jeder anderen Branche auch. Du kannst die coolsten T-Shirts anbieten oder das beste Buch. Wenn du es nicht schaffst, Leute dafür zu begeistern, dann kommt es nicht an. Ich hab es nicht geschafft, Leute für einen Pool voller Füße zu begeistern, weil es eben nicht reicht, dass es für irgendetwas abstrakt einen Markt gibt. Es gehört mehr dazu, mit so etwas erfolgreich zu werden. Ich habe zu wenig Zeit und zu wenig Überzeugung da reingesetzt. Auf meinem Sex-Kanal ist das anders. Das lebe ich richtig, das ist ein wichtiger Bestandteil meiner sexuellen Identität, meiner sexuellen Revolution. Und ich glaube, das ist es auch, was mich von vielen anderen unterscheidet, die immer mal ihren nackten Arsch in die Kamera recken und sich wundern, warum ihnen keiner folgt. Freizügigkeit und selbst hochwertige Bilder machen noch keinen erfolgreichen Kanal. Aber allein schon diese Erkenntnis hat mich erneut total weitergebracht. Ich mach nur noch, was mich echt begeistert, was mich anmacht und was ich als Teil meiner eigenen Persönlichkeit erkenne. Denn die Leidenschaft, die dedication – die macht einen riesen Unterschied.

„Wer weiß eigentlich alles von deinem Doppelleben? Wie sehen dich Tim und Jan? Finden die das alles gut?“, fragte Sina.

Tim kennt meinen Twitteraccount natürlich und liest sich auch gerne durch, was ich so schreibe. Jan nicht. Und das war und ist mir eher recht. Tim ist mit allem einverstanden. Wir haben das intensiv vorher abgestimmt. Jan dagegen kennt mich gar nicht anders. Als wir uns trafen, war meine Ehe schon offen, und auch das Onlinebusiness war schon da. Wenn auch noch nicht so groß. Und selbst wenn nicht: Er hat bei der Angelegenheit im Gegensatz zu Tim natürlich keine Stimme und darf nicht mitreden. Er weiß also, dass es das Online-Sexgeschäft gibt, aber er kennt es nicht im Detail. Er respektiert, dass ich ihn da raushalten will. Und er will auch selbst gar nicht so viel davon wissen. Es sind zwei verschiedene Dinge, ob du weißt, dass deine Freundin online Sexgeschichten erzählt und andere Männer anheizt, oder ob du es tatsächlich mitverfolgst. Die wenigen Male, als er am Rande etwas mitbekommen hat, war es ihm jedenfalls unangenehm. Ich glaube, er wurde ein bisschen eifersüchtig. Das ist so ein zweischneidiges Schwert: Auf der einen Seite gefällt es ihm, wie aufgeschlossen, offen und leidenschaftlich ich bin. Auf der anderen Seite gefällt ihm auch die Vorstellung, besonders für mich zu sein. In meinem Twitteraccount zu lesen, hat ja schon ein bisschen was vom Tagebuch-Lesen. Es ist ultimativ intim. Ich schreibe und erzähle da teilweise eben genau die

Sachen, die mir Angst machen, die mich unsicher machen und die ich gerade niemandem im Real Life erzählen will. Die Anonymität im Internet ist etwas anderes als der Kontakt im echten Leben. Und das hat zwei wichtige Aspekte: einen gesellschaftlichen, nämlich die Enttabuisierung, und einen privaten.

# Enttabuisierung

Manchmal kommt es einem so vor, als wäre unsere Gesellschaft übersexualisiert. Es kursieren schon bei Jugendlichen Sexvideos und nackte Haut, sich lasziv räkelnde Körper gibt es im Internet und auch im echten Leben – auf Plakatwänden und in Zeitschriften – in unfassbarer Menge. Aber echte Aufklärung und tatsächliches Wissen über Körper und Körperfunktionen werden oft totgeschwiegen. Ich twittere gerne über Themen, über die im Real Life zu reden manchmal peinlich ist. Zum Beispiel über Blut beim Sex. Ich blute an 5 von 30 Tagen. Das ist nicht wenig. Ich finde, wir sollten über diesen Fakt offen reden. Und auch darüber, wie Blut und Sex zusammengehen. Bevor ich zu Twitter kam, wusste ich zum Beispiel nicht, dass es Softtampons gibt. Mit meinen Freundinnen hatte ich zwar mal über Menstruationstassen, -unterwäsche, Tampons und diese Dinge geredet, klar. Aber Menstruation und Sex und ob man beides auch zusammenbringen kann: Das kam irgendwie nie zur Sprache. In meiner Welt war Sex während der Periode entweder ein Blutbad oder fand eben nicht statt. Damals hatte ich statt Tampons wiederverwendbare Schwämmchen benutzt. Ein

Naturprodukt, das man einführt und, wenn es vollgesogen ist, mit den Fingern wieder rausholt, auswäscht und erneut benutzt. Einmal hatte ich gedacht, meine Periode sei vorbei, und schlief mit Tim. In Wahrheit war das Schwämmchen aber noch in mir. Als mir das nachts einfiel, habe ich mit allen Mitteln versucht, es wieder rauszuangeln, aber er hatte es mit seinem Schwanz so tief in mich reingestopft, dass ich es nur noch ganz hinten fühlen konnte und nicht rankam. Ich ging zur Frauenärztin, die den Schwamm aus mir rausgepopelt und mich selbstverständlich darauf hingewiesen hat, dass so ein Schwamm nicht geeignet ist, ihn auch beim Sex zu verwenden. Ach was. Das hatte ich auch gemerkt. Eine Alternative zu: Blutbad oder abwarten, das hat sie mir aber auch nicht gegeben. Als ich auf Twitter davon berichtet hab, kamen dagegen viele hilfreiche Hinweise auf Softtampons. Die benutze ich seither beim Sex während der Periode. Softtampons sind sehr weiche Schaumstoffteile, die man statt klassischer Tampons oder Menstruationstassen einführt. Sie saugen das Blut auf, und der Schwanz bleibt blutfrei – zumindest an den nicht ganz so starken Tagen. Nach dem Sex lassen sie sich mit spitzen Fingern greifen und entfernen. Das hat mich echt weitergebracht. Ja, manche mantelten sich auch auf und fanden es eklig, dass ich über so was schreibe, aber damit kann ich leben. Ich weiß, dass einige Frauen nach diesem Tweet und der anschließenden Diskussion auch eine Lösung für ihr gleiches Problem hatten. Das fühlt sich gut an. Und da gibt es viele Beispielthemen.

Relativ ausführlich war zum Beispiel auch mal die Diskussion darüber, wann ein Schwanz steif wird. Viele Frauen erwarten beim Sex, dass der Mann sich richtig ins Zeug legt, um sie zu verwöhnen und heiß zu machen. Und dann sind sie enttäuscht, wenn der Kerl nicht bei ihrem bloßen Anblick einen Ständer hat. Vielen Männern ist es auch total peinlich, wenn sie nicht sofort und jedes Mal Gewehr bei Fuß „stehen", wenn die Frau, mit der sie schlafen wollen, nur in ihre Nähe kommt. Dass da mit zweierlei Maß gemessen wird, find ich sehr seltsam. Und ich finde auch die Diskussion darüber, dass ein Mann auch erregt sein kann, wenn sein Schwanz nicht wie eine 1 steht, wichtig. Das muss nicht bedeuten, dass „sie ihn nicht anturnt". Der Druck, der da auf den Männern lastet, ist groß. Dass Frauen häufig ein Vorspiel brauchen oder Gleitgel, wird gemeinhin so hingenommen. Dass ein Mann, gerade wenn er keine 20 mehr ist, auch ein bisschen Geduld und Hinwendung gut brauchen kann, ist kein Zeichen von Schwäche. Männer müssen nicht reibungslos funktionieren, und sie ticken auch nicht alle gleich.

Beim Ansprechen von heiklen Themen kommen natürlich auch viele Sachen vor, die mir persönlich peinlich sind. Zum Beispiel hab ich darüber geschrieben, dass ich einen Einlauf mache, bevor ich bei Jan übernachte. Nicht nur, damit ich für spontanen Analsex gewappnet bin, sondern vor allem, weil ich dort auf keinen Fall zur Toilette müssen will. Das ist mir einfach zu intim.

„Es ist dir zu intim, bei deinem Freund aufs Klo zu gehen, aber nicht, das mit Fremden zu besprechen?" Sina wunderte sich. Doch dann fand sie es auch wieder logisch. „Online hast du eine bestimmte Rolle. Vielleicht auch die eines Menschen, der genau diese Themen, die andere auch umtreiben, ganz offen und ungeschminkt anspricht. Viele Frauen wollen nicht bei einem Mann groß aufs Klo." Sina wurde rot. „Als ich mit meinem Mann zusammengezogen bin, konnte ich auch immer nur aufs Klo gehen, wenn er bei der Arbeit war."

Wir lachten. Ja. Das geht vielen Frauen so. Und ja: Ich finde, beides geht sehr gut zusammen. Es ist ein Unterschied, ob man sagt, dass etwas passiert, oder ob man es tatsächlich tut, wenn der andere dabei ist. Und außerdem ist es ein Unterschied, ob man eine Sache, die einem peinlich ist, jemandem ins Gesicht sagt, zu dem man eine Bindung hat, oder ob man etwas anonym ins Internet schreibt. Das kann ich von mir und meiner Person abkoppeln.

### HOT FACT

**Ein Einlauf ist eine Darmreinigung. Sie wird im Rahmen von Fastenkuren gemacht, aber zum Beispiel auch gerne vor Analsex. Dabei wird Wasser mit einem Schlauch in den Enddarm laufen gelassen. Das Wasser spült den Darm und hilft ihm, sich vollständig zu entleeren und zu reinigen.**

Ich halte es für wichtig, solche Themen offen zu benennen. Für mich und auch für andere, die dadurch das Gefühl haben: Ich bin mit diesem oder jenem Gedanken nicht allein.

## Ein eigener Raum für mich

Dass ich über manche Themen nicht mit Jan reden will, weil sie mir unangenehm sind, ist eine Sache. Und dann möchte ich auch nicht, dass er liest, wie ich mich wann genau fühle.

Ich will selbst entscheiden können, was ich mit ihm teile. Das wäre, als würde er zuhören, wenn ich mit meiner Freundin rede. Es hätte was von Überwachung. Ich hab keine Geheimnisse vor ihm, aber er muss auch nicht alle Gedanken von mir kennen. Würde er mitlesen, müsste ich also nicht nur bei jedem Tweet überlegen, wie Tim ihn finden würde, sondern auch, wie Jan sich dabei fühlen würde, ihn zu lesen. Und schließlich steckt in meinen Tweets auch viel Selbstoffenbarung. Und ein bisschen geheimnisvoll zu sein ist in einer Beziehung auch kein Schaden. Nicht selten ist es ja auch so, dass ich Dinge twittere, die vielleicht schon einige Zeit zurückliegen. Wenn er das mitliest und denkt, das ist tagesaktuell, gibt es nur Verwirrung. Und dann kommt noch dazu, dass ich mehrere Stunden am Tag mit Online-Sexkram beschäftigt bin und ehrlich gesagt, wenn ich bei Jan bin, auch mal will, dass es nicht darum geht. Ich mag es, manche Themen online zu diskutieren, aber sie sind nicht das, was mich ausschließlich als Mensch ausmacht. Sie bestimmen nicht meinen Alltag, denn der dreht sich – wenig überraschend – nicht nur um Sex. Deshalb hab ich meine Onlinewelt gerne ganz für mich alleine. Nicht mal Tim folgt mir auf OnlyFans. Ich trenne gerne mein Online-Sex-Ich von meinem Alltags-Ich. Im Alltag sind auch andere Sachen wichtig, meine Partnerpersonen sollen mich nicht als Sexworkerin wahrnehmen. Mich nervt das, wenn ich all meine Gedanken, Gefühle und inneren Konflikte noch einmal mit den Menschen, die ich im Alltag mag, durchdiskutieren muss. Das schafft nur ein Ungleichgewicht, weil ja nur ich mich online so offenbare. Mein Gegenüber nicht. Ich will dieses Onlinegeschäft am liebsten nur ganz für mich alleine haben. Mit anderen Menschen auf Augenhöhe.

# Die Bandbreite meiner Follower

Dass ich mich damals auf Twitter angemeldet habe, hat mein Leben verändert. Das kann ich ohne Übertreibung sagen. Ich habe gesehen, wie viele Menschen in alternativen Beziehungskonzepten glücklich sind, und erlebt, dass es mehr als nur ein „normal“ gibt. Ich habe aber auch gelernt, mit Kritik und Hass umzugehen. Dadurch dass ich mich traue, all meine Erlebnisse und meine innere und äußere Entwicklung online öffentlich zu schildern, komme ich jeden Tag aufs Neue aus meiner Komfortzone und blicke über den Tellerrand. Das hat meinen Horizont erweitert. Ich erlebe gespannt, wie viele unterschiedliche Menschen mich anschreiben und mit mir interagieren, und nehme das als große Chance wahr.

Ich würde sie in folgende Kategorien einteilen – wobei die meisten Menschen natürlich nicht nur in eine der Kategorien passen, sondern in mehrere:

## Bestätiger

Ich liebe die Gruppe an Menschen, die mich darin bestätigen, dass dies der Ort ist, an dem ich mich wohlfühle. Menschen mit verschiedenen Lebenskonzepten, die mir echt ans Herz gewachsen sind. Wie Freunde. Sie zeigen mir, dass ich gut und richtig so bin, wie ich mich zeige. Wir sind nicht immer einer Meinung, aber wir stehen grundsätzlich online füreinander ein.

## Hinterfrager

Hinterfrager sind vielleicht genauso wichtig wie die Bestätiger. Sie sind wertschätzend im Umgang, aber sehen mich und meine Art zu leben durchaus kritisch. Ihre Hinweise sind häufig durchaus wertvoll, und ich denke nicht selten länger drüber nach.

## Schwanz-Zeiger

Ich geh auf meinen Kanälen recht offen damit um, dass man mir gerne Bilder oder Videos seines Schwanzes schicken darf. Wenn das abgesprochen ist und jemand bezahlt, macht mir das tatsächlich Spaß, Schwänze anzuschauen. Und offenbar haben sehr viele Männer einen Drang, ihn herzuzeigen. Ich hab das schon vor meiner Onlinekarriere ganz privat auf Tinder gemerkt. Unfassbar, wie viele Männer mir unbedingt ihren Schwanz zeigen wollten! Manche proaktiv, andere erst nach ausdrücklicher Erlaubnis. Das hat mich damals schon irgendwie verwundert. So ganz ohne Antwort wollte ich das auch nie stehenlassen. Deshalb hab ich angefangen, die Schwänze zu kommentieren. Und tada: Ein echter Geschäftszweig war geboren. Männer haben ganz wenig Gelegenheit, ihren

Schwanz zu zeigen. Die ganzen Dickpic-Verschicker, die ihre Fotos ohne Zustimmung des Gegenübers versenden, lasse ich mal außen vor. Das ist natürlich indiskutabel. Aber wer seinen Schwanz gerne herzeigt und nicht zufälligerweise eine Partnerin hat, die diese Fotos gerne bekommt, hat oft einfach Pech gehabt. Bei mir kommen also immer wieder Männer nur deshalb an. Ich biete an ihre Schwänze zu bewerten, ich schau sie mir genau an und beschreibe, was mir daran gefällt.

## Mitmacher

Ich liebe diese Art Follower. Dieser Mann fiebert mit, er freut sich, und er fragt nach und nimmt Anteil. Er erzählt mir auch was von sich, er ist bei Aktionen dabei, kauft meine Videos und hat einfach Spaß. Mit ein paar von ihnen habe ich zwischenzeitlich fast freundschaftliche Verbindungen.

## Small Talker

Der Small Talker ist eine der häufigsten Gattungen unter den Followern. Wenn er zahlender Abonnent ist, stört mich das überhaupt nicht. Da chatte ich gerne ein bisschen darüber, wie mein Tag war oder was ich am Wochenende geplant habe. Bei allen anderen stört es mich schon, weil ich so ungern der Pausenclown für gelangweilte Fremde bin. Der Small Talker ist fast nur in privaten Chats anzutreffen. Öffentlich sichtbar will er nicht mit mir interagieren. Er fragt, wie es mir geht, und stellt Fragen rund um die offene Beziehung. Er will vor allem unterhalten werden. Einigen reicht es, wenn ich ihre Nachrichten lese. Sie erwarten keine Antwort. Es gab schon Follower, die haben einfach alle paar Tage lang und ausführlich berichtet, wie ihr Tag war, was sie gegessen und was sie erlebt haben. Sie wollten es eben mal loswerden. Sie mögen einfach den Kontakt. Andere verstehen überhaupt nicht, dass ich Small Talk nicht leisten kann und will.

## Abgreifer

Der Abgreifer likt alle meine Bilder auf Twitter und schickt mir Komplimente per Direktnachricht, aber wenn es aufs Thema Geld kommt, dann findet er die Verbindung „unecht". Er sucht schon nach einem „richtigen" Kontakt. Gleichzeitig bleibt der Abgreifer aber in der Nähe, und sobald wieder ein Foto veröffentlicht ist oder es eine Aktion gibt, springt er herbei und will dabei sein. Ist die Teilnahme nur für zahlende Abonnenten? Das stört den Abgreifer nicht. Er versucht ewig darüber zu diskutieren, warum er meinen Content aber doch gratis bekommen sollte.

## Romantiker

Ich liebe es selbst sehr romantisch und mag es, mit jemandem zusammen ein romantisches Szenario zu entwickeln. Wenn das mit jemandem ganz besonders gut passt, dann bleibt er mir auch erhalten, und wir leben unsere gemeinsame romantische Fantasie immer weiter. Ich hab das sogar mit einem Follower. Allerding ist eine romantische Beziehung natürlich etwas sehr Intimes. Wer mir also mit Liebesschwüren kommt und mir Herzchen-Gif schickt, sorgt eher für Verwirrung bei mir als für Interesse. Nicht selten gestehen mir Männer beim Erstkontakt ihre ewige Liebe. Puh.

## Philosophen

Menschen halten sich oft für besonders weitsichtig, wenn sie anmerken, dass das, worüber ich schreibe, gar keine echten Probleme sind. Ich antworte ihnen in der Regel damit, dass ich das weiß. Ich bin wirklich froh und dankbar, dass mein größtes Problem ist, dass ich mich entscheiden muss, ob ich heute rote oder grüne Unterwäsche trage. Ich hab ein wirklich schönes Leben und keine echten Probleme. Ich brauche niemanden, der mir das erklärt. Ich glaube ja, dass viele dieser Menschen angepisst sind, weil ich mit manchmal relativ banalen Posts recht erfolgreich bin. Sie können aber nicht aufhören, darüber zu philosophieren, dass es doch echte Probleme auf der Welt gibt und es deshalb nicht wert sei, über Wäschefarben zu reden. Ich weiß jedenfalls, welche Diskussionen es wirklich nicht wert sind, geführt zu werden. Nämlich die, anderen zu sagen, was sie twittern sollen. Ignorier es doch einfach und kümmere dich um deinen eigenen Kram.

## Projizierer

Ein bisschen projizieren ist ja durchaus erwünscht. Ist okay für mich, wenn Menschen ihre Vorstellungen auf mich werfen. Manche von ihnen gehen aber so weit zu glauben, dass ich (oder Frauen allgemein) dazu da sind, ihre sexuellen Vorlieben zu spiegeln. Sie sprechen mir also meine eigenen Bedürfnisse völlig ab. Wenn ich erzähle, dass ich während der Periode nicht gerne Sex habe, kommt garantiert ein Projizierer um die Ecke, um mir zu erklären, dass das doch supergeil ist, wenn alles voller Blut ist und dass er es am liebsten ausschlecken würde. Äh. Schön für dich. Ich kann es bitte trotzdem nicht mögen. Auch wenn ich sage, dass ich mit irgendwas an meinem Körper unzufrieden bin, erklärt mir garantiert ein Projizierer, dass so eine Hautfalte am Bauch doch gerade geil ist und dass er es toll findet, wenn er da reingreifen kann. Brauch ich nicht, danke und tschüss.

## Mansplainer

Mansplainer sind Männer, die Frauen Frauenthemen erklären. Wenn ich also darüber schreibe, dass meine Periode unregelmäßig ist, steht garantiert sofort ein Kerl parat, der mir einen Vortrag darüber hält, dass ich doch die Pille nehmen soll. Ganz groß auch die Typen, die mir erklären, wie es sich für eine Frau anfühlt, allein im Dunkeln durch den Park zu laufen. Und auch vor Körperhygiene-Tipps macht der Mansplainer nicht halt: Er kennt die richtige Technik, dank derer Frauen Pilzinfektionen verhindern können. Alle Frauen machen das nämlich falsch. Weißte Bescheid.

## Pornosammler

Ich poste regelmäßig kreativen Content, aber der Pornosammler hat es nur auf eins abgesehen: Videos und/oder Sexting abfassen. Er will zur Sache kommen, fragt regelmäßig nach, was ich als Nächstes veröffentliche und ob ich grade feucht bin, oder er schickt ungefragt ein Bild seines Schwanzes. Doch in Zeiten, in denen er kein neues Material braucht, sieht und hört man nichts von ihm. Eigentlich eine angenehme Gattung. Pflegeleicht.

## Ratsuchende

Ich fühle mich natürlich geehrt, wenn jemand mich um Rat fragt. Ich hab mich mit den Themen rund um offene Beziehung, Gefühle, poly und so weiter intensiv auseinandergesetzt. Und mich schreiben regelmäßig sowohl Frauen als auch Männer an, die wissen wollen, wie sie das bei ihrer*m Partner*in am besten ansprechen, wie wir mit Eifersucht umgehen und so weiter. Manchmal tun Ratsuchende auch nur so, als ob sie meinen Rat wollten, weil sie eben einfach etwas chatten wollen und denken, dass das ein geeigneter Gesprächseinstieg wäre.

## Sub

Mir folgen einige Männer, die nur eins wollen: mir dienen. Am Anfang war das befremdlich für mich, aber heute liebe ich das sehr. Manche wollen erniedrigt werden, andere wollen einfach nur bezahlen und ausgenommen werden. Dazu erzähl ich später noch mehr.

## Selbst ernannte Retter

Das ist mein persönlicher Albtraum. Die Geschichte mit einem echten Vorzeigeretter selbst ernannter Art kann ich gerne erzählen. Ich biete Dickratings an. Einmal startete ich mal wieder einen Aufruf bei Twitter: Wer wollte, dass ich seinen Schwanz bewerte, könne sich melden. Kostet 10 Euro. Mein Postfach war voll. Es waren einige Small Talker dabei, einige Abgreifer, aber eben auch einige zahlende Kunden. Einer von ihnen war Alex, der mir ein paar Nachrichten schrieb. Ich verlangte Vorkasse, er überwies das Geld. Als es angekommen war, sendete er mir ein Bild. Es war ein Foto von seinem Gesicht und die Nachricht:

„Ich schicke dir schöne Grüße. Ich brauch so was wie eine Schwanzbewertung nicht. Aber so hab ich ein paar Minuten deiner Zeit erkauft, in denen du dir mal nicht irgendeinen Pimmel anschauen musst. Mach in der Zeit was Schönes." Selten hab ich mich so abgewertet gefühlt. Ich weiß, dass er das gut gemeint hat, aber die Botschaft, die er mir gesendet hatte, war die, dass meine Arbeit nur eine Last sein könne und ich nicht in der Lage war, selbst über mein Leben zu entscheiden. Als wäre diese Arbeit weniger wert. Er hat mir einfach nicht zugestanden, das gerne zu machen. Hätte er mir von Anfang an gesagt, dass er mir Geld als Anerkennung für meine Arbeit schicken wollte oder Ähnliches, dann hätte ich mich gefreut. Aber so von oben herab fühlte ich mich wie ein unmündiges Kind.

Das Geld hatte ich nun jedenfalls, und er nahm es natürlich nicht zurück. Also spendete ich den Betrag kurzerhand an ein Frauenhaus und schickte ihm eine Spendenbescheinigung. Er hat nie mehr darauf reagiert. Ob er meine Reaktion verstanden hat, weiß ich nicht. Aber dieses Geld hat sich schmutzig angefühlt. Ich brauche keine Almosen. Ich weiß, dass immer wieder Männer denken, Sexworker*innen – egal ob im Real Life oder online – seien alle quasi verzweifelt und in einer Notlage. Pornodarstellerinnen sind in ihren Augen Frauen, die es als Schauspielerinnen für „richtige Filme" nicht geschafft hätten. Wer einen OnlyFans-Account betreibt, ist nach dieser Logik auch einfach zu faul zum Arbeiten, und auch ein bisschen dumm. In eine ganz ähnliche Richtung ging mal ein Typ nach Art eines Investmentbankers. Er hat mich angeschrieben und gefragt, ob er in mein Business investieren könne. Er wolle mir jetzt

1000 Euro geben, und ich könne es investieren, und wenn mein Business dann gewachsen sei, hielte er Anteile daran. Ich dachte eine ganze Weile drüber nach, warum er glaubte, dass ich so etwas annehmen sollte. Das ergab wirklich überhaupt keinen Sinn.

„Das ist ja wirklich schräg“, warf Sina ein.

„Ja, deswegen hatte ich ihn auch gefragt, ob er etwa mein Zuhälter sein wollte. Du musst wissen: Er hat es mir zu einer Zeit angeboten, als das Business ohnehin schon lief. Also wie seltsam ist das? Was sollte ich von dem Geld kaufen, das sein Invest wäre? Ich weiß bis heute nicht genau, was er sich vorgestellt hat. Aber wenn jemand schon tagelang immer wieder nachfragt, verschwindet meine Lust ohnehin sehr schnell, noch irgendetwas zu erfahren. Ich hasse es sehr, bedrängt zu werden.“

Auch viele religiös geprägte Menschen und solche, die schlecht verkraften können, dass ich nicht in ihr Weltbild passe, schreiben mir, um mich davon zu überzeugen, doch noch auf ihren – den rechten – Weg zu kommen. Ich hatte da diesen einen Follower, der über Wochen einfach zu jedem meiner Tweets einen Kommentar abgeben musste a la: „Ist dein Selbstwertgefühl so niedrig, dass du die Bestätigung fremder Männer brauchst?“, „Du bist so eine tolle Frau. Such dir doch einen Mann, der dich wirklich verdient hat“ oder „Ich weine beim Gedanken daran, wie sehr deine Kinder darunter leiden, wie labil du bist“. Ich habe immer wieder freundlich geantwortet, darauf hingewiesen, dass Lebensentwürfe verschieden sein dürfen, ohne dass einer richtig- und einer falschliegt. Als ich mal die „Pille danach“ genommen habe – das war nach dem Kondom-Gate –, da hat er mich in Privatnachrichten beschimpft, ich würde Gottes Kinder töten. Er bot mir mehrmals an, mich abzuholen. Ich könne in seiner Gemeinde unterkommen und Abstand gewinnen zum falschen Weg, auf den ich geraten war. Was soll ich sagen? Kann ich nicht so richtig ernst nehmen. Auf die Dauer nagt es trotzdem an einem. Und hat mich noch mal darin bestärkt, auf jeden Fall anonym bleiben zu wollen.

## Das-Blaue-vom-Himmel-Versprecher

Manche Männer versuchen mit offensichtlichem Quatsch, mich von sich zu überzeugen. Einer hat mir mal 6000 Euro geboten, wenn ich ohne Gummi mit ihm Sex habe. Anal, damit ich nicht schwanger werde. Wie umsichtig. Diverse Male wurde ich schon in Hotelzimmer auf der ganzen Welt eingeladen. Und zwar immer von völlig Fremden, die nur zufällig über mein Profil gestolpert waren. Sie würden mich auch einfliegen lassen. Ganz genau. Ich treff mich irgendwo auf der Welt mit irgendjemandem. Is klar. Ich habe keine Ahnung, was passieren würde, wenn ich auf eines dieser seltsamen Angebote mal einginge. Aber ich will ungern meine Zeit verschwenden. Und nicht nur das: Ich vertraue online wie im Leben außerhalb des Internets gerne auf mein Bauchgefühl. Und das sagt mir bei vielen Menschen mit völlig irrationalen Angeboten, dass sie auch sonst in der Kommunikation und ihrem Verhalten nicht berechenbar sein werden. Ich hatte online schon einige Male mit Menschen zu tun – meistens, aber nicht immer waren es Männer –, die mich bedroht oder einfach übergriffig und fies behandelt haben. Da wird schon mal bei der ersten Nachricht in blumigen Ausführungen die große Liebe gestanden, und dann in der zweiten Nachricht ist man die „größte Schlampe, die auf Gottes Erden rumläuft".

## Nörgler und Entmündiger

„Ihr Frauen wollt hier ja alle nur Geld." Na ja, wenn man jemanden anschreibt, der in seinem Profil Online-Sexwork anbietet, dann ist es relativ naiv zu glauben, diejenige würde ausgerechnet dir aus unerfindlichen Gründen etwas umsonst anbieten.

Männer reagieren ganz unterschiedlich auf Zurückweisung. Gar nicht selten kommt es vor, dass Kerle mich blockieren, wenn ich nicht sofort geantwortet habe, weil sie beleidigt sind und meinen, ich müsse ihnen stets und sofort zur Verfügung stehen. Die meisten akzeptieren es zum Glück einfach, wenn man ihnen sagt, dass man nicht interessiert ist, zum Beispiel an einem privaten Kennenlernen. Doch dann gibt es auch solche, die halten sich offenbar für so tolle Hechte, dass sie meinen, es müsse sich um einen Irrtum handeln, wenn sie eine Absage kassieren. „Du weißt ja gar nicht, was du verpasst", krieg ich häufiger zu lesen. Oder: „Du kannst das gar nicht entscheiden, bevor wir uns nicht getroffen haben." Die Männer, die mir das schreiben, merken offenbar gar nicht, wie sehr sie mir damit absprechen, eigene Entscheidungen treffen zu können. Denn lass es uns auf den Punkt bringen: Wenn ich jeden treffen würde, den ich online kennenlerne, um zu sehen, ob es nicht vielleicht doch passt, dann hätte ich verdammt viel zu tun. So reagieren viele Männer, aber das ist relativ harmlos. Sie lassen dabei auch noch außer Acht, dass man ja nie weiß, wer das Gegenüber ist. Schließlich könnte sich hinter jedem harmlosen Treffen auch ein Vergewaltiger oder Stalker verbergen.

## Beischlafbettler

Diese Gattung ist sich für nichts zu schade, um Mitleid zu erregen, und zwar ungefähr so: „Bitte lass mich dich ficken – nur ein einziges Mal! ... Ach komm schon ... ich kann es mir nicht leisten, dafür zu bezahlen, ich bin Student/Frührentner/geschieden. Bitte, tu mir den Gefallen. Ich bin wirklich gut im Lecken." Es tut mir wirklich leid um jeden, der so verzweifelt ist, aber mal ganz ehrlich: Hat so eine Masche schon jemals geklappt? Bei irgendeiner Frau?

## Trolle und Fieslinge

Es gibt auch einige, die wirklich fies werden. Ich krieg gelegentlich auch Nachrichten wie: „Halt dein Maul, du dumme Nutte. Alles, wozu deine Scheiß-Fresse gut ist, ist, dass man reinwichst." Oder irgendwas über schrumpelige Euter oder auch darüber, wie arm unsere Kinder dran sind, mit so gestörten Eltern. Natürlich trifft mich so was kurz. Auch wenn ich realistisch betrachtet weiß, dass solche Aussagen mehr über denjenigen offenbaren, der sie ausspricht, als über mich. Irgendwie tun mir diese Menschen auch leid. Wie arm und beschissen muss dein eigenes Leben sein, wenn es dir Freude macht, andere Leute im Internet abzuwerten. Schön anonym natürlich. Ich wünsche jedem von ihnen von Herzen ein eigenes Leben und viele schöne Erlebnisse, die sie vielleicht diese Verbitterung –

anders als mit Verbitterung kann ich mir das nicht erklären – überwinden lassen.

Immer wieder kommt auch der Vorwurf von Fremden, ich solle doch einfach arbeiten gehen, statt dem Steuerzahler auf der Tasche zu liegen.

Sina musste laut lachen. „Das nimmst du aber nicht persönlich, oder? Ich mein, das ist wirklich lächerlich."

Natürlich ist es lächerlich. Ich arbeite ganz normal in einer Agentur und zahle Steuern. Und zwar gar nicht wenig. Natürlich versteuere ich zusätzlich auch meine Einkünfte aus dem Sexbusiness. Ich wäre ja bescheuert, da eine Überprüfung zu riskieren. Und trotzdem lassen einen Beschimpfungen dieser Art auf Dauer nicht kalt. Sie hinterlassen immer einen kleinen Stich. Und viele kleine Stiche zusammengenommen schmerzen.

Manche Männer versuchen auch, aktiv Angst zu verbreiten: „Entweder du triffst dich mit mir, oder ich orte dich." Die ersten Male bekam ich da noch richtig Angst. Mittlerweile nicht mehr so sehr, es ist nie etwas passiert. Manche Männer sagen das, weil sie Macht demonstrieren und sich besser fühlen wollen. Und zum Glück sind das relativ wenige, die so ausfallend werden.

# Objektifizierung

Die meisten Kerle projizieren einfach ihre sexuellen Fantasien auf mich. Sie machen sich ihr eigenes Bild von mir.

„Macht dir das gar nichts aus?“, fragte Sina. „Quasi die Litfaßsäule irgendwelcher Fremder zu sein?“

Nein. Tatsächlich nicht. Ich genieße es ja sogar, in die verschiedenen Rollen zu schlüpfen. Es ist dieses doppelte Spiel von: Die Leute wollen mich kennenlernen und mehr über meine authentische sexuelle Entwicklung erfahren, und gleichzeitig wollen sie aber auch ihre eigenen Vorstellungen auf mich spiegeln. Eine spannende Waage. Ich weiß, dass viele interessiert wären, mein Gesicht zu sehen, aber ich bin auch der Überzeugung, dass das ein Stück weit die Möglichkeit der Projektion nehmen würde. Ich weiß, dass sich manche tatsächlich vorstellen, ich wäre ihre Nachbarin oder die eine Mutter aus der Schule. Dass sie nicht wissen, wie ich aussehe, macht das ganze Spiel und die Fantasie noch ein bisschen abstrakter und aufregender. Bis zu einem gewissen Grad ist das der Reiz. Da wären wir wieder beim Thema Kunstfigur. Männer träumen von Sex mit der Frau, die sie sich vorstellen, wenn sie mich sehen. Aber in Wahrheit bin das ja gar nicht ich. Sie träumen von der heißen Nachbarin oder von dem unschuldigen Landei oder von der verruchten Diva. Wie viele verschiedene Dinge und Menschen Männer in mir sehen, fasziniert mich immer wieder. Besonders beliebt ist das Spiel mit dem Alter. Unfassbar, wie viele 20- bis 25-Jährige mir schreiben, sie wollen gerne mal Sex mit „einer Älteren". Am Anfang war ich echt etwas beleidigt. Ich nehme mich gar nicht als „eine Ältere" wahr. Aber sie sehen in mir die Milf, und das ist natürlich okay so.

## HOT FACT

**Milf – „Mom, I´d like to fuck" – ist eine Bezeichnung für Frauen mittleren Alters, die jungen Männern insbesondere aufgrund ihrer Erfahrung und leicht dominanten Ausstrahlung als Sexobjekt dienen. Bekannt wurde der Ausdruck durch den Film American Pie in den 1990er-Jahren, in dem Stifler´s Mom von seinen Freunden als Milf bezeichnet wurde. Seither widmet sich der Heiße-Mutter-eines-Kumpels-Fantasie ein ganzes Pornogenre.**

Es ist nicht die schlechteste Art, objektifiziert beziehungsweise in eine Schublade gesteckt zu werden. Auf Sex mit einem Jungspund hab ich jedenfalls keine Lust mehr. Hab ich einmal gemacht. Ich kam mir vor wie Madonna. Das war schon irgendwie speziell. Aber ich werde dabei ausschließlich zum Objekt und bin völlig austauschbar.

Keinem der Kerle, die mich da anschreiben, geht es schließlich um mich. Es geht ihnen darum, dass sie einen Haken auf ihrer Bucketlist setzen können.

Sie und andere projizieren ihre Vorstellung und ihre Wünsche auf mich. Ich trage aus genau dem Grund auch ab und zu Perücke. Wer mir länger und aufmerksamer folgt, weiß natürlich, dass ich dunkle Haare habe – meistens schulterlang, aber viele denken sicher, meine Haare wären lang, mal mit Pony, mal ohne, mal ganz kurz, mal blond, mal schwarz, wie ich eben Lust habe. Auch eine blaue Perücke besitze ich. Ich erfinde mich gerne immer wieder neu. Das ist etwas, das ich an meiner Arbeit sehr liebe. Da fühl ich mich wie eine Schauspielerin. Es ist mir recht, wenn Menschen ihre Wünsche und Sehnsüchte auf mich spiegeln. Es macht mir Spaß, verschiedene Rollen auszufüllen und Fantasien darzustellen. Wenn das auch bei einem realen Treffen passieren würde, wäre mir das dagegen sehr unangenehm. Im privaten Kontext und bei Dates will ich als ich selbst wahrgenommen werden. Das ist übrigens auch einer der Gründe, warum damals meine Affäre mit Mike gescheitert ist. Er hat in mir etwas gesehen, was ich gar nicht komplett war. Ich hatte immer das Gefühl, seiner Vorstellung von mir gerecht werden zu müssen. Er hat das zwar abgestritten, und ich glaube auch, dass das Problem in mir selbst lag. Aber die Schuldfrage ist ja gar nicht wichtig.

Online hilft mir der Gedanke des Objektifiziert-Werdens sehr. Denn es koppelt mein Online-Ich von meinem persönlichen und echten Ich ab. Es wäre wirklich fatal für mich, wenn ich all das, was mir online passiert oder gesagt wird, persönlich nehmen würde. Am Ende würde ich mir bei jedem Follower, der kommt oder geht, Gedanken machen, ob ich wohl etwas falsch gemacht habe. Meine Follower zum Objektifizieren einzuladen, ist quasi eine Art Selbstschutz. Ich kann mich und meinen Selbstwert von meinem Online-Ich trennen. Wenn sich ein Mann also mal nicht mehr meldet oder meine Inhalte nicht mehr kauft, dann kann ich das zwar professionell analysieren, aber ich beziehe das nicht 1:1 auf mich.

„Das klingt ganz schön abgestumpft“, sagte Sina nachdenklich. „Als würdest du deine Gefühle ausschalten. Aber gehören die nicht eben dazu? Das ist es doch eigentlich, was du verkaufst: Gefühle.“

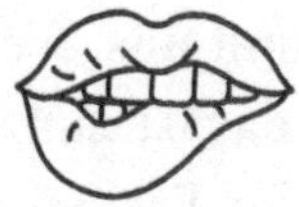

# Erotik gegen Geld – wo bleibt die Liebe?

Es ist ja eine alte Grundsatzfrage: Geht Sex ohne Gefühle? Und lebt mein Geschäft vielleicht sogar ein bisschen davon, dass das eine eben nicht ohne das andere geht? Meine Follower sind natürlich nicht alle verliebt in mich. Aber irgendeine Art von Gefühl verbindet uns. Es ist ein bisschen wie mit anderen Freizeitgestaltungen. Klar kann man sich Filme zu Hause im Fernseher anschauen und alleine Musik hören. Doch manchmal sind Kino oder ein Konzertbesuch eben doch eine schöne Abwechslung. Beim Essen wird es noch deutlicher: Wir könnten uns von Nudeln mit Soße ernähren oder von perfekt auf unsere Bedürfnisse abgestimmte Riegeln und Shakes. Aber so funktionieren wir Menschen eben nicht. Wir lieben es, aufwendiger gekochtes Essen serviert zu bekommen, denn Essen löst Gefühle in uns aus. Pommes im Freibad, eine Pizza beim Lieblingsitaliener oder ein warmer Schokoladenkuchen mit der besten Freundin: Das alles macht etwas mit uns. Weil essen nicht nur Nahrungsaufnahme ist. Und das ist gut so. Dafür müssen wir weder in die Verkäuferin im Freibadkiosk noch in den Lieblingsitaliener verliebt sein. So ähnlich ist das auch beim Onlinesex. Sex ist nicht nur Abspritzen. Sex ist für mich gelebte Interaktion, es ist, einander gutzutun, begehrt werden und zu begehren, ein intensives Geben und Nehmen. Das hat viele Facetten. Ich biete eine Dienstleistung an, und die beinhaltet eben auch, dass sich Menschen dadurch gut fühlen. Das heißt aber nicht, dass sie in mich verliebt sind.

„Kann man so sehen", sagte Sina nachdenklich. „Gesunde Einstellung, wenn die Menschen, die dich da anschreiben, das auch so sehen. Ob ich als Partnerin aber auch so entspannt wäre, bezweifle ich. Puh. Wenn mein Partner heimlich mit einer anderen Frau chatten würde, um einen Orgasmus zu haben – ich glaube, das würde ich als Untreue empfinden."

Das konnte ich gut verstehen. Klar. Ich wäre da ehrlich gesagt auch recht unentspannt. Heimlichkeiten sind der erste Schritt zu Untreue. Trotzdem: Bei den meisten meiner Follower gehe ich nicht davon aus, dass sie ihre PartnerInnen betrügen. Das ist nicht, wie ich die Menschen sehe. Ich sehe in jedem immer erst mal das Gute. Ich vermute also, dass sie Single sind oder ihre PartnerInnen nichts dagegen haben. Trotzdem bekomme ich natürlich relativ oft mit, dass v.a. Männer heimlich mit mir chatten. Dass sie mit mir schreiben und dafür bezahlen, statt auf Datingplattformen zu flirten, hat für sie dabei mehrere Vorteile: Dadurch, dass sie bezahlen, sind sie sicherer, dass keine

Gefühle oder Verstrickungen entstehen. Auf beiden Seiten. Die Fronten sind klar. Es steht fest, dass es kein Treffen geben wird. Sie können außerdem innerhalb dieses abgesteckten Kontextes über ihre Neigungen und besonderen Vorlieben viel besser und offener reden, als wenn sie Sorge haben müssten, dass sie ihre Sextingpartnerin vergraulen würden. Zum zweiten sind sie natürlich viel sicherer davor, entdeckt zu werden. Sie müssen sich nicht auf Tinder & Co. outen, wo sie vielleicht auf eine Bekannte ihrer Partnerin treffen, und sie müssen auch nicht befürchten, dass ich ihnen zu unpassenden Zeiten schreibe. Außerdem spart es natürlich Zeit. Das ist überhaupt für viele Kunden ein großes Argument. Wenn jemand einfach gerne sexted und sich nicht zu einem Date treffen möchte, dauert es in der Regel eine ganze Weile, bis derjenige online jemanden findet. Meistens ist es mit flirten, Unsicherheit, aufeinander einstellen und so weiter verbunden. Mich zu bezahlen ist einfach und effizient. Und, um auf den Punkt mit den Gefühlen und dem Betrügen zurückzukommen: Sie haben im Austausch mit mir als Online-Sexworkerin auch viel weniger das Gefühl, ihre Partnerin zu betrügen. Sondern sie sehen es nachvollziehbarer Weise eher als eine Leistung, die gebucht wird. Dadurch kann ich sie auch von mir als Person abkoppeln.

# Meine innere Distanz

Wenn einem das mit dem bezahlten Sexting nicht so taugt oder sich die privaten Lebensumstände verändern, dann bucht er eben keine weitere Stunde. Immer wieder mal ist jemand plötzlich als Kunde verschwunden. Zum Beispiel weil er nun eben doch eine Freundin hat und das Gefühl bekommt, sie zu hintergehen, wenn er mit mir schreibt. Wenn es dann mit ihr wieder aus ist, kommt er meistens zurück. Und dann gibt es natürlich auch viele Männer, die verheiratet oder fest verpartnert sind und den Kick außerhalb der Beziehung suchen. Richtiger Sex wäre ihnen vielleicht zu sehr Betrug, sich auf Datingplattformen zu offenbaren wäre ebenfalls zu gefährlich. Da ist diese Art des kleinen sexuellen Kitzels, den man vor sich selbst noch wie einen größeren Porno rechtfertigen kann, doch irgendwie gelegen. Eine Online-Sexworkerin stellt keine Ansprüche, ruft nicht an, ist verfügbar, aber nicht aufdringlich, und sie ist diskret. Perfekt für viele Männer in Beziehungen.

„Wie abgebrüht und analytisch du das siehst“, hakte Sina ein. Und es begann ein spannendes Gespräch darüber, was es eigentlich bedeutet, seinen Partner zu betrügen. Die meisten von uns sehen Fremdgehen ja sehr als Schwarz-Weiß-Szenario. Aber im Endeffekt ist das Thema viel komplexer.

„Ist es zum Beispiel schlimmer, seine Partnerperson mit einer privat kennengelernten Person zu betrügen als mit einer*m Sexworker*in?“, fragte ich Sina. „Und ist es wirklich Untreue, wenn das nur online passiert? Ist es Untreue, wenn jemand einen Porno anschaut und sich allein einen runterholt? Ist es ein Problem in einer Partnerschaft, wenn jemand auch von anderen Personen angeturnt wird? Wenn er beim Sex an jemand anderen denkt? Oder sind die Gedanken frei? Wo fängt Fremdgehen eigentlich an?“

Sina winkte ab. „Da machst du es dir zu leicht. Dass jeder mal allein masturbiert, ist ja normal. Ein Porno ist auch kein Problem. Das ist unpersönlich und kein echtes menschliches Gegenüber. Aber wenn mein Mann dafür bezahlen würde, dass eine andere Frau ihn online verführt – damit hätte ich wirklich ein Problem.“

Doch da machte es sich Sina wiederum zu einfach, fand ich. „Jedes Paar hat seine eigenen Grenzen. Du wärst überrascht, wie viele Männer Pornos heimlich schauen“, erklärte ich. „Was ich anbiete, hat ja verschiedene Stufen.“ Man kann sich meine Fotos anschauen, man kann mit mir chatten und mich um Rat fragen, man kann sich Pornos von mir anschauen, seinen Schwanz bewerten lassen oder mit mir per Videochat Sex haben. Die Range ist riesig, Gründe, mir zu folgen, gibt es also viele. Und nicht jeder, der sich ein paar Videos von mir anschaut, betrügt seine Frau. Das kommt darauf an, was in der Beziehung abgesprochen ist und wie derjenige das auch selbst empfindet. Manche meiner Follower stehen mir auch emotional sehr nah. Die eine oder andere Ehefrau hätte da bestimmt etwas dagegen, wenn sie es wüsste. Falls das so ist, dann tut es mir leid für sie und ihn, und wenn es zur Sprache kommt, sage ich meine Meinung dazu, aber im Endeffekt kann man in Beziehungen und ihre Dynamik nicht reinschauen. Ist es wirklich fair, wenn eine Frau nicht mehr mit ihrem Mann schläft und ihm gleichzeitig verbietet, dass er sich außerhalb der Beziehung befriedigt? Ein gar nicht so seltenes Szenario. Zählen seine Bedürfnisse nicht? Ist es okay, seinem Partner zu verbieten, Pornos zu schauen? Ich muss mich davon freimachen, die Lebenssituation jedes einzelnen Followers zu durchdenken. Sie dürfen kommen und gehen, wie sie wollen, und solange sie sich benehmen. Sie sind mir keine Rechenschaft schuldig. Ich verurteile niemanden. Nur wenn jemand schlecht über seine Partnerin redet, dann fliegt er. Ist mir aber erst zwei- oder dreimal passiert. Ansonsten geht es mich einfach nichts an.

Neulich hat mir jemand geschrieben, dass er eine Frau kennengelernt hat und es langsam ernst wird und er mich deshalb vorerst nicht mehr abonniert. Ich hab mich ehrlich für ihn gefreut. Dann hat er nach einer Runde Abschieds-Sexting gefragt. Da hatte ich kein gutes Gefühl. Wenn er das Gefühl hat, er würde seine Freundin betrügen, wenn er mit mir schreibt, dann will ich es auch nicht noch dieses eine einzige Mal tun. Ich hab ja eher so den Eindruck, der kommt bald wieder, wenn ich ehrlich sein soll. Wir werden sehen.

Bei anderen weiß ich, dass sie den Chat mit mir auf die Zeit legen, in der ihre Frau beim Sport ist. Ob mir das was ausmacht oder nicht, entscheide ich aus dem Bauch heraus. In der Regel ist es mir egal. Ich will darüber möglichst wenig wissen.

So richtig einig wurden Sina und ich uns nicht. Dass ich jemanden anstiften könnte fremdzugehen, konnte Sina schlecht wegstecken. Sie würde die rote Linie ganz woanders ziehen als ich. Ich dagegen glaube nicht, dass ich mit meiner Arbeit jemanden in einer intakten Beziehung verführen könnte. Vielleicht ist es sogar so, dass ihn der Kontakt zu mir so sehr befriedigt, dass er eben nicht im echten Leben fremdgeht oder privat online anfängt, mit jemandem zu chatten und sich vielleicht zu verlieben. Aber ehrlich: Ich finde weiterhin, dass mich das nichts angeht. Ich stelle meine Inhalte zur Verfügung, und es wird sie niemand sehen, der sich nicht aktiv dafür entscheidet und dafür bezahlt. Ich stelle keine weiteren Fragen. Und ich sehe nicht, dass ich wegen ein paar weniger Männer, deren Partnerinnen möglicherweise etwas dagegen haben könnten, mein ganzes Business infrage stelle. Ich finde, da hört meine Verantwortung auf. Eine private Liebschaft will ich nicht mit einem Mann, der seine Partnerin hintergeht, aber im Business ist es nicht meine Verantwortung. Ich bin nicht der Moral-Richter über anderer Leute Leben.

Natürlich gibt es viele Männer, die sich heimlich einen runterholen auf meine Bilder und Videos. Viele sind aber auch

Single, und es ist die einfachste und stressfreieste Möglichkeit zu flirten und eine Art von Sex zu haben. Wenn auch nur auf Distanz. Viele meiner Follower nehmen aber auch einfach gerne Anteil. Ihre PartnerInnen stören sich nicht an mir. Sie sind neugierig und vielleicht auch etwas voyeuristisch und wollen wissen, wie ich aussehe und was ich so anbiete. Sie wollen Anteil haben an meinen Beziehungen. Vielleicht haben sie selbst eine offene Beziehung oder wollen ihre Beziehung gerne öffnen. Sie lassen sich gerne inspirieren und holen sich Anregungen für ihr Sexleben zu Hause. Ich frage meine Follower nicht, was sie antreibt, aber viele kommen doch leicht ins Erzählen und teilen gerne, was sie bewegt. Sie können einfach mal ganz offen und ehrlich erzählen. Von ihren Wünschen und auch von ihren Sorgen. Das ist ein viel größeres Thema im Kontakt zwischen mir und meinen Followern als ein möglicher Betrug.

„Du meinst, besondere Wünsche wie das mit der Milch?", fragte Sina lachend. Sie versuchte offenbar unser Gespräch wieder in etwas harmonischere Wasser zu lenken.

Ich lachte mit. Ja, so was wie mit der Milch – oder auch so was wie die Schwanz-Olympiade.

# Schwanz-Olympiade

Als ich Tim mal bei einer längeren Autofahrt von den Bewertungen erzählte und dass sowohl die Männer als auch ich so viel Freude hätten, hatte er wieder eine Idee: Mach doch mal eine Penis-Olympiade. Kurz danach fanden tatsächlich die Olympischen Spiele statt, und wir hatten noch drüber geredet, was es da für seltsame Disziplinen gibt. Erst lachten wir zusammen über Tims verrückte Idee, dann wurde unser Gespräch immer realistischer. Die Männer sollten ihre Bilder in verschiedenen Disziplinen einreichen: das schönste Cumtribute (also das schönste Foto davon, wie ein Mann auf eins meiner Inhalte abgespritzt hat), das ästhetischste Dickpic, die beste Intimrasur oder auch das außergewöhnlichste Piercing sollten ausgezeichnet werden. Wir hatten eine Menge Spaß. Als wir wieder zu Hause waren, konnte ich nicht schlafen. Ich begann also zu planen, entwarf eine Grafik und überlegte mir die Spielregeln. Nachts um 3 veröffentlichte ich die Ankündigung zur Olympiade. Als ich morgens aufwachte, hatte ich schon die ersten Einreichungen im Posteingang. So viele Männer, die sich mit mir über die verrückte Aktion freuten. Ich begann eine Liste anzulegen und die Einsendungen genau zu vergleichen. Ich erzählte auf Twitter von der Aktion, und meine Abonnentenzahlen wuchsen beträchtlich in diesen Tagen. So viele Menschen liebten die Aktion. Es war einfach wunderbar. Mittlerweile mach ich so was regelmäßig: Eine Cocktober-Challenge oder auch Wettbewerbe, bei denen ich die schönsten Cumshots küre. Ich mag dieses Spiel und die Leichtigkeit.

„Verrückt", sagte Sina. „Was Männer mit ihren Schwänzen haben, habe ich noch nie verstanden. Sogar eine ganze Olympiade!" Sie lachte: „Manchmal weiß ich echt nicht, ob du mich veräppelst. So was Abstruses. Männer, die ihre Schwänze vergleichen, es geil finden, wenn jemand ihnen das Gefühl gibt, ihre Freundin zu sein, und die es genießen, einer Frau, die sie gar nicht kennen, Geschenke zu machen. Du musst zugeben, dass das alles etwas seltsam ist."

Spannend, es so auf den Punkt gebracht präsentiert zu bekommen. Ich selbst bin mittlerweile so tief in dem Thema drin, ich hab mich so sehr eingerichtet in dieser Online-Sex-Welt, dass es mir gar nicht mehr seltsam vorkommt. Vor allem, dass viele Männer ihren Schwanz gerne zeigen. Es kann erregend und lustig sein zu wissen, dass sich ein anderer deinen Schwanz anschaut und vielleicht sogar bewertet.

„Bewerten?!" Sina musste unweigerlich lachen. Sie konnte das nicht recht glauben. Aber sie freute sich drauf, dass ich ihr mehr erzählen würde.

# Dickratings

Als ich die ersten Male Nachrichten bekam, in denen Männer fragten, ob ich ihren Schwanz bewerten würde, dachte ich, sie würden mich verarschen. Ich ignorierte die Nachrichten. Dass jemand beim Sexting mal noch fragte, wie ich seinen Schwanz fände, kannte ich, und ich wusste auch, dass Männer gerne Fotos ihrer Schwänze verschickten. Aber diese klare Sehnsucht nach Bewertungen, die war mir neu. Nach der fünften oder sechsten solcher Nachrichten wollte ich es dann aber doch wissen und schlug vor, das für ein Trinkgeld zu machen. Und tatsächlich willigte der Mann ein. Er schickte Bilder seines Schwanzes, und ich sagte ihm, wie ich ihn fand, was mir daran auffiel und was an ihm besonders war. Der Mann bedankte sich überschwänglich für die Bewertung. Von da an machte mir das richtigen Spaß. Ich hab mittlerweile Hunderte Schwänze anhand von Fotos oder Videos bewertet. Die Männer haben die verschiedensten Gründe, warum sie das möchten: Manche wollen tatsächlich mal ein echtes Urteil von jemandem haben. Sie haben das Gefühl, dass das Feedback ihrer Partner*innen nicht wirklich objektiv ist und wollen es deshalb von einer außenstehenden Person hören. Andere wiederum turnt es an, dass ich mir ihren Schwanz so genau anschaue und ihn analysiere. Viele Männer lieben es ja eh grundsätzlich, Dickpics zu versenden. Bei mir können sie das (mit Vorkasse und Vorwarnung) sehr gerne machen. Manche Männer genießen es auch, wenn man ihnen sagt, wie schön und einzigartig ihr Schwanz ist. Männer mit großen Schwänzen hören gerne, dass dieser Schwanz natürlich viel größer ist als der der meisten anderen Männer. Und sie wollen, dass ich ihn vergleiche mit den Schwänzen bisheriger Sexpartner. Und Männer mit kleinen Schwänzen wollen hören, ob irgendwas an ihrem Schwanz besonders und einzigartig ist. Männer selbst sehen oft nur die Größe, und überhaupt wird in der Diskussion darüber, welcher Schwanz schön oder „gut" ist, häufig über die Größe geredet. Dabei ist die Biegung auch total wichtig, die Form und Größe der Eichel, der Eichelrand und vieles mehr. Jeder Schwanz hat seine Vorzüge, und ich liebe es sehr, diese Vorzüge zu beschreiben. Es macht total viel Spaß, den Schwanz so genau unter die Lupe zu nehmen. Bevor ich das gemacht habe, hab ich mir Schwänze nicht so genau angeschaut. Ihr Aussehen war mir egal, und ich hatte gar nicht so viele Unterschiede wahrgenommen. Heute erkenne ich unfassbar viele Unterschiede.

Die meisten Männer haben noch nie (so viele) gute Sachen über ihren Schwanz gehört wie bei mir. Dickratings tun ihnen gut. Und dann gibt es auch noch die Männer, die möglichst stark erniedrigt werden wollen in der Beschreibung ihres Dicks. Dafür gibt es sogar ein Wort: Small Penis Humiliation.

## Small Penis Humiliation

Ich sah, wie Sinas Augen verwundert immer größer wurden: „Männer wollen, dass du ihnen sagst, dass sie einen kleinen Schwanz haben?“

Ja, so ist das. Manche Männer mögen es, erniedrigt zu werden. Sie wollen hören und lesen, wie mickrig ihr Schwanz ist und dass er zu nichts zu gebrauchen wäre. Manche wollen ausgelacht werden. Wenn jemand das ausdrücklich will, dann mach ich das. Small Penis Humiliation ist ein recht wichtiger Baustein bei der Erniedrigung. Erniedrigung ist der Sexbereich, der mich am meisten herausfordert, der mir aber auch mehr Spaß macht, als ich es jemals erwartet hätte. Das geht auch deutlich über das Sexuelle hinaus. Und so kamen Sina und ich zu einem für mich noch recht jungen Kapitel in meinem Sexworkerinnen-Leben: der verbalen Erniedrigung.

# Meine dominante Seite

Im echten Leben sag ich Menschen nur ungern, was sie zu tun oder zu lassen haben. Ich bin nicht gerne der Anführer. Mit meinen Kindern rede ich auf Augenhöhe, und auch im Job hat es sich für mich bewährt, gemeinschaftlich an einem Strang zu ziehen, statt von oben nach unten zu treten. Doch je länger ich im Online-Sexworkgeschäft aktiv bin, desto klarer zeigte sich, wie viele Männer gedemütigt werden wollten. Und mittlerweile habe ich entdeckt, wie sehr ich darauf abfahre, dominant zu sein, und dass es mir eine tiefe Befriedigung verschafft.

Matts war der Erste, der mir von seiner Neigung erzählte. Er ging regelmäßig zu einem Paar, um dort zu putzen. Er, der eigentlich nach eigenen Angaben Teilhaber in einer Steuerkanzlei war, wollte in seiner Freizeit nichts lieber als zu dienen und erniedrigt zu werden. Ich war wirklich überfordert mit diesen Informationen. Es eröffnete sich wieder einmal eine neue Welt für mich. Matts war begeistert von meinen Bildern, die ich auf Twitter teilte, und berührt von den Erzählungen aus meiner offenen Beziehung. Er sagte, er sehe zu mir auf, und es wäre ihm eine Ehre, mir mein Leben noch schöner machen zu können. Er bat mich darum, mir Sachen kaufen zu dürfen. Ich hatte zwar mittlerweile ein eigenes PayPal-Konto eingerichtet, aber irgendwie kam ich mir schäbig dabei vor, Geld anzunehmen, ohne dass der andere etwas davon hatte. Mal ein kleines Geschenk hier und da, okay. Aber Matts wollte tatsächlich einfach überweisen. Ich jedoch wollte keine Almosen. Erst viel später begriff ich, dass Matts seine Befriedigung genau daraus zog, mich finanziell zu verwöhnen. Vorerst gewährte ich ihm Zugriff auf meine exklusive Wishlist auf Amazon. Das war zwar nicht ganz das, was Matts damals gewollt hatte, aber es war unser gemeinsamer sanfter Einstieg ins Thema. Ich musste mich langsam rantasten und rausfinden, wie weit ich gehen konnte.

Auf meiner Amazon-Wunschliste hab ich viele Dinge gesammelt, die ich gerne hätte und die es bei Amazon zu kaufen gibt. Matts konnte durch die Wunschliste stöbern und mir das bestellen, was ihm gefiel. Amazon sendete es dann an mich, und er bezahlte. Ich kann mich noch so gut an mein erstes Paket von ihm erinnern. Es war ein schwarzes Höschen. Ich hatte auf meiner Wunschliste extra lauter ganz verschiedene Sachen zusammengestellt, neben Unterwäsche, Sextoys und sanften Fetisch-Artikeln auch Kleider, Schuhe, Bücher und mehr. Ich war gespannt, was er mir aussuchen würde, und dann kam dieses kleine unscheinbare Paket zu mir nach Hause. Noch heute, wenn ich das

Höschen sehe, muss ich daran zurückdenken. Doch das mit den Geschenken stellte ihn nicht recht zufrieden. Er bat mich immer wieder, mir einfach Geld schicken zu dürfen. Er wollte benutzt und ausgenommen werden, indem er mir etwas gönnte, was er sich dann nicht leisten konnte – ein ganz anderer Antrieb, als die meisten Schenkenden haben. Als ich auf Twitter mal davon erzählt habe, dass ich mit meinem Mann ein Date mit einem anderen Paar habe und wir gemeinsam essen gehen wollten, da fragte Matts, ob er die Rechnung übernehmen dürfe. Long story short: Er durfte. Das Gefühl an diesem Abend war wirklich besonders. Dass jemand so große Freude daran hatte, mich glücklich zu machen, und bezahlen wollte, ohne ersichtliche Gegenleistung, war berührend für mich. Doch danach wurde es seltsam. „Sag mir, dass ich zu nichts anderem auf der Welt gut bin, als dafür abzudrücken. Mehr kann ich nicht. Nur zahlen." Ich lehnte ab und sagte Matts, dass das natürlich nicht stimme. Dass ich es sehr mochte, mit ihm zu reden, und dass ich mir sicher bin, dass er ein toller Kerl wäre. Da hat Matts die Lust verloren. Die Erniedrigung, die er sich wünschte, konnte ich ihm nicht geben. Ich war irre betroffen. Matts hat mich gedanklich die nächsten Monate nicht losgelassen. Wie konnte jemand so abfällig über sich selbst reden?

Matts hat mir einen ersten Einblick in die Welt der finanziellen Dominanz gegeben. In den nächsten Monaten fragten mich zahlreiche Kunden danach, ich informierte mich und redete mit vielen von ihnen ganz offen. Ich wollte verstehen, was sie antreibt, wollte rausfinden, ob ich an dieser Art des Spiels doch Gefallen finden würde. Und mit der

Zeit verstand ich den Reiz tatsächlich. Das Spiel mit Macht und Dominanz. Wenn jemand tut, was ich sage, und echt abhängig ist von meinem Goodwill. Heute macht es mir richtig Spaß, meine kleine sadistische Ader auszuleben. Zum Beispiel mit Korbinian, der aktuell mein Zahlschwein ist.

## Zahlschweine

Extrem herausfordernd ist für mich im Alltag der Umgang mit Zahlschweinen.

### HOT FACT

**Zahlschweine sind Männer, die sich einer Geldherrin unterwerfen. Zahlschwein oder PayPig sind dabei Selbstbezeichnungen. Männer, die sich so nennen und definieren, wollen erniedrigt werden, indem sie finanziell ausgenommen werden. Dabei gehen sie teilweise an ihre Belastungsgrenze und darüber hinaus. Genau daraus erhalten sie ihren Lustgewinn.**

Diese Zahlschweine sind nur mit mir in Kontakt, um dafür zu leiden, mir das Leben schöner zu machen. Das ist ihr Kick.

Sina war verwirrt. „Manche Menschen sind gerne in einer Opferrolle, in der sie ausgenommen werden?“

Korbinian war aktuell mein kleines Zahlschweinchen. Immer wenn mir danach war, erlaubte ich ihm, etwas für mich zu bezahlen. Ich tippte kurz in mein Handy „ein Eis für alle würde mich jetzt glücklich machen. Du warst heute sehr artig. Du darfst das also bezahlen. 18 Euro." Keine Minute später wurde mir die Überweisung von Korbinian angezeigt: 18 Euro mit dem Text „Eis für Eure Zauberhaftigkeit." Ich rief meine Tochter zu mir. „Läufst du bitte zur Eisdiele und kaufst ein Eis für alle?" Das ließ sie sich nicht zweimal sagen. Korbinian mag es, mir solchen Alltagsluxus zu ermöglichen. Er zahlt mir Kaffee, Eis und ab und an einen Saunabesuch. Er hat nicht viel Geld, da sind keine großen Beträge möglich. Aber es gefällt uns beiden auf diese Weise. Er ist dabei quasi den ganzen Tag Gewehr bei Fuß und wartet nur drauf, wann er endlich abdrücken darf. Er braucht es auch, dass ich ihm sage, dass er, wenn er nicht bezahlt, total nutzlos ist. Es ist sein Lebensinhalt, für mich zu bezahlen. Einmal war sein Handy leer, als er unterwegs war, und er hat auf eine Nachricht zwei Stunden nicht geantwortet. Er hat sich unfassbar geschämt und wie vorher vereinbart für so einen Fall, wusste ich, was von mir erwartet wurde. Eigentlich wollte ich schreiben: „Ist doch kein Problem. Du musst dich nicht entschuldigen." Doch das ist nicht das, was er hören wollte. Für sein Fehlverhalten musste ich ihn verbal und mit Missfallen bestrafen. „Du kleine Made kannst froh sein, dass du wenigstens zahlen darfst. Sonst bist du zu nichts zu gebrauchen. Diesmal hast du die Chance verpasst, mich zufriedenzustellen", schrieb ich ihm also. Ich hatte mich für diesen Moment vorbereitet und mir diese Worte schon zurechtgelegt. Es fällt mir immer noch schwer, so einen Satz zu formulieren, aber als ich ihm das geschrieben hatte, war Korbinian noch ein bisschen gerührter. „Kiki, ich werde Sie nicht mehr enttäuschen. Ich schäme mich. Bitte – lassen Sie mich etwas bezahlen", war seine Antwort.

Doch ich blieb hart. An diesem Tag durfte er nichts mehr bezahlen. In den nächsten Tagen bewies er mit sehr viel Mühe, wie verlässlich er für mich da sein wollte. Es ist bei jedem dieser Zahlschweine ein Drahtseilakt. Ich bekomme Einblick in ihre finanzielle Leistungsfähigkeit, ich muss die Waage finden, was möglich ist und wann es zu viel wird. Das ist schon eine große Verantwortung. Und in der Regel sind Zahlschweine sehr verletzliche Seelen.

„Das ist mir zu wild und zu weit hergeholt. Du bestrafst ihn, indem er nicht bezahlen darf?", sagt Sina. „Du bist doch kein Mensch, der andere ausnimmt oder gar erniedrigt!"

Stimmt eigentlich. Irgendwie ist es schräg. Hat auch ganz schön gedauert, da reinzuwachsen.

## Erniedrigung

Meinen Kindern bringe ich bei, dass man respektvoll miteinander umgeht, dass wir einander wertschätzen und achtsam mit unserer Sprache umgehen. Ich weiß, dass Worte verletzen können und sehr viel Macht haben. Das letzte Gespräch zu diesem Thema hatten wir, als meine Tochter zu ihrem Bruder gesagt hat, er sei ein Baby, weil er geweint hat. So was kann ich gar nicht leiden. Wir reden oft über Hatespeech im Internet und Menschen, die Gefallen daran finden, andere niederzumachen. Meine Message ist immer wieder – logisch –, dass es falsch ist, andere zu verletzen – mit Worten und auch mit Taten. Ich könnte das auch selbst gar nicht. Auf jemanden eintreten, der am Boden liegt – egal ob körperlich oder verbal. Das steckt nicht in mir drin. Dachte ich.

Und dann ist da diese andere Facette von mir. Die Kiki, die gerne über ihre Grenzen steigt und ihren Horizont erweitert. In keinem anderen Sexbereich habe ich so sehr gezweifelt und fiel es mir so schwer, mich zu überwinden wie in diesem. Es widerstrebt mir einfach, mich über andere Menschen zu erheben. Gleichzeitig bin ich ein neugieriger Typ. Ich wollte und will verstehen, was in anderen vorgeht. Ich liebe die Herausforderung. Und was Erniedrigung angeht, habe ich schnell gemerkt, dass es die verschiedensten Gründe gibt, warum Menschen sich danach sehnen. Manche wollen sich selbst spüren, manche lieben die Aufmerksamkeit, manche brauchen es, weil sie auf das erlösende Lob warten. Auf jeden Einzelnen von ihnen genau so einzugehen, wie er es braucht, und dabei immer meine eigenen Grenzen zu wahren, ist ein Drahtseilakt, der mich in meinem Job sehr fordert. Das ist das Schöne – und gleichzeitig auch das Schwierige daran. Schließlich liegt es nicht in meinem Naturell, andere abzuwerten. Diese Seite an mir hat mich selbst erst etwas überfordert, aber ich merkte auch schnell, dass diese Art der Interaktion Teile meiner Persönlichkeit befriedigt, von denen ich nicht wusste, dass sie existieren. Auch wenn mich jeder neue Chat auch heute noch an meine Grenzen bringt. Diese Art des Zusammenspiels ist unfassbar intensiv. Es ist eben mehr als ein Geschäft. Es greift in das tatsächliche Leben des anderen ein, und es ist ein spannendes Machtgefälle und ein extrem zerbrechliches Konstrukt. Schließlich werden da ja auch viele Sachen gesagt, die echt gemein sind.

„Das kann ich mir vorstellen“, sagte Sina. „Das ist ja auch menschlich total …“, sie machte eine Pause, „spannend?“

Sie hatte das passende Wort nicht gefunden. Aber das verstand ich. Denn selbst ich, die schon viel damit zu tun hatte, komme immer wieder an meine Verständnisgrenzen. Nur ein paar Minuten zuvor hatte mein Sohn angefangen, in unserer Nähe ein Bild zu malen und war ganz vertieft in seine Aufgabe. Er biss sich leicht auf die Zunge, wie er es immer tat, wenn er konzentriert war. Die anderen Kinder setzten sich zu ihm und malten ebenfalls. Schließlich blickte er strahlend auf die wilden Linien, nahm das Bild und lief zu mir, um es mir zu präsentieren. Ich betrachtete es konzentriert und sagte: „Da hast du aber viele Linien gemalt. Und so schön bunt. Willst du mir was darüber erzählen?" Und er beschrieb mir, wie der Drachen auf dem Bild gerade Feuer spuckte auf das Ungeheuer. Ich lächelte. Mit ein bisschen Fantasie konnte man es fast erkennen: das Feuer und den Drachen. „Toll, wie viel Mühe du dir gegeben hast!", sagte ich, und schon war er wieder weg.

„Schau ihn dir an", sagte Sina. „Wie du ihn unterstützt. Das ist die Kiki, die ich kenne. Auf dem Bild ist absolut nichts zu erkennen, und er fühlt sich trotzdem wertgeschätzt. Du bestärkst ihn. Würdest du ihn jetzt niedermachen und ihm sagen, was er für ein hässliches Bild gemalt habe – was würde das mit ihm machen?"

„Ich weiß nur", antwortete ich, „dass ich für die Gefühle meines Kindes mit verantwortlich bin. Meine Kinder will ich motivieren. Für die Gefühle eines Fremden habe ich keine Verantwortung." Wir schwiegen eine Weile. Der Bub kam in der Zwischenzeit schon mit dem nächsten Bild an. Ich bedankte mich und sagte ihm aber, dass ich mir gewünscht hätte, dass er sich für dieses Bild auch ein bisschen Mühe gibt. „Da hast du nur irgendwas hingekritzelt. Es kommt bei Geschenken nicht auf das Ergebnis an, sondern darauf, dass man sich Mühe gegeben hat", sagte ich ihm. Er verschwand wieder, um nachzubessern.

Sina kicherte. „Oh, jetzt erkenn ich deine strenge Sex-Stimme." Sie äffte mich nach: „Es kommt bei Geschenken nicht auf das Ergebnis an, sondern darauf, dass man sich Mühe gibt. Also bezahl das nächste Mal gefälligst pünktlich."

Ich ließ die freundschaftliche Häme über mich ergehen und lachte mit. Doch: War ich jetzt ein schlechtes Vorbild oder nicht? Diese Frage beschäftigt mich gedanklich sehr. Kann ich eine liebevolle und authentische Mutter sein, ein zuverlässiger Leuchtturm im Leben meiner Kinder – und doch gleichzeitig in meinem Job Menschen gegen Bezahlung erniedrigen? War und blieb ich als Mutter glaubwürdig? War es okay, ein Mensch mit vielen so unterschiedlichen Seiten zu sein? Ich glaube schon, auch wenn mein Dilemma unauflöslich erscheint und mich jeden Tag begleitet. Ich versuche, feinfühlig auf meine Kunden einzugehen und ihre Bedürfnisse ernst zu nehmen. Ich versuche zu verstehen und ihre und meine Gefühle zu achten und gleichzeitig Bedürfnisse außerhalb der Norm zu befriedigen. Ich verletze damit niemandes Psyche (hoffe ich zumindest), und ich unterscheide zwischen sexuellen Spielbedürfnissen und der Realität, soweit das möglich ist. Ich setze mich mit meinen Kunden und mir selbst auseinander. Dabei überträgt sich diese rein sexuelle Fantasie nicht auf mein Leben. In der Fantasie stelle ich Menschen in der Öffentlichkeit bloß, ich füge ihnen Schmerzen zu und lasse sie wirklich peinliche Sachen machen. Doch das hat keine negativen Auswirkungen auf mein Leben außerhalb der dominanten Sexblase. Meine Kinder bekommen von all dem nichts mit. Sollte es irgendwann rauskommen, dass ich als Online-Sexworkerin arbeite, hätte ich wahrscheinlich ein Problem, von dem ich im Moment noch nicht genau weiß, wie ich es löse. Aber ich könnte meinen Kindern meine Beweggründe schlüssig erklären und würde meine Glaubwürdigkeit ihnen gegenüber nicht verlieren. Sie erleben mich im gemeinsamen Alltag als gefestigte, aufmerksame und fürsorgliche Persönlichkeit, daran würde sich nichts für sie ändern. Ich arbeite an mir selbst, ich versuche feinfühlig und ein guter Mensch zu sein und meinen Sohn und meine Tochter so gut es geht, auf ihrem Lebensweg zu begleiten. Ich bemühe mich, ein Vorbild und Leuchtturm für meine Kinder zu sein. Ich mache sicherlich viele Fehler als Mutter. So wie wir alle. Eine große Erfüllung in meiner Arbeit zu finden, ist keiner davon.

Nach wie vor ist es für mich eine Überwindung, jemandem zu sagen, dass er eine bemitleidenswerte Kreatur ist und ich nichts als Verachtung für ihn übrighabe. Ich mache das auch nur, wenn ich mich vorher versichert habe, dass er das wirklich möchte und ich weiß, wo seine Grenzen sind. Andere Aspekte machen mir mehr Spaß und fallen mir leichter. Es macht mich zum Beispiel wirklich an zu wissen, dass ein Online-Sub gerade nackt und frierend vor seinem Bett kauert, mit den Händen flach auf seinen Knien, und wartet, bis ich ihm die Erlaubnis erteile aufzustehen. Es gefällt mir, ihm zu schreiben, dass ich gleich Sex haben werde und er währenddessen an die weiße Wand starren und zählen soll. Ich hatte auch schon Chats, die mich in diesem Zusammenhang sehr erregt haben. Ein Sub hat es zum Beispiel genossen, wenn ich ihm beschrieben habe, wie ich mit meinem Mann Sex habe und er in der Ecke kauern und nicht mal zuschauen darf, sondern seine Augen geschlossen halten muss. Ich erklärte ihm jedes Detail und bedeutete ihm immer wieder, er müssen sitzen bleiben und würde niemals in den Genuss kommen, mich zu berühren. Er hatte vorher betont, dass er nicht bisexuell sei und sich sogar davor ekelte, ein männliches Glied zu berühren, aber dass er es genießen würde, nur zu meinem Vergnügen, meinem Mann den Schwanz zu blasen. Dieser Chat war unheimlich herausfordernd für mich, aber auch superheiß. Diese kleinen Grenzüberschreitungen, meine extrem dominante Rolle und das Wissen darum, dass alles, was gerade passierte, nur zu meinem Vergnügen geschehe, waren abgefahren. Zum Abschluss erlaubte ich ihm, seinen kümmerlichen Schwanz aus dem Käfig zu holen. Ein Käfig ist ein kleines Metallgestänge, das sich um den Schwanz schließt. Man kann damit pinkeln, aber Sex oder Selbstbefriedigung sind nicht möglich. Auch steif werden kann der Schwanz darin in der Regel nicht. „Würden Sie sich noch darüber lustig machen, dass mein Schwanz so mickrig ist, Kiki?“, fragte er. „Sagen Sie mir, dass eine jämmerliche Gestalt wie ich niemals eine Frau wie Sie befriedigen könnte.“ Ich tat ihm den Gefallen. Aber ich betonte auch, dass er ein hervorragender und folgsamer Sub gewesen sei. Da war er merklich stolz.

Und auf diese Weise funktioniert dieses Spiel für mich. Wenn diese Männer sich gerne unterordnen, alle Erwartungen an sich selbst fahren lassen wollen und die Vorstellung eine Frau auf Augenhöhe zu befriedigen, sie überfordert, dann ist es mir eine Freude, ihnen einen Platz zuzuweisen, den sie gerne ausfüllen. Jeder soll sich gut fühlen. Und wenn sie sich in dieser Rolle gut fühlen: Wer bin ich, sie dafür zu verurteilen? Es gibt wirklich wenig Menschen, die ich verachte. Jemand, der gerne erniedrigt wird, gehört definitiv nicht dazu. Doch der Gedanke, dass es ihn anmacht, der gefällt mir. Diese Grenzüberschreitung bereitet mir ein wohliges Kribbeln.

# Heilige oder Hure

Sina war immer noch etwas überfordert mit dieser Erzählung. Wenn sie bislang an Unterwerfung und Dominanz dachte, waren ihr kaum mehr als ein Andreaskreuz und 50 Shades of Grey eingefallen. Bis vor gar nicht so langer Zeit war das bei mir ja kaum anders gewesen.

„Aber mit deinem Partner redest du nicht so, oder?“

Ich musste lachen, und wir machten Scherze darüber, wie Tim, der ein starker und dominanter Mann war, in seiner Freizeit vielleicht mit Hundemaske aussähe. Sina wurde ernst: „Wobei – so abwegig ist das eigentlich nicht. Vielleicht ist es seine geheime Fantasie, und er würde es mit dir nicht teilen, genau wie deine Follower es mit ihren PartnerInnen vielleicht auch nicht teilen.“

Darüber musste ich nachdenken. Natürlich konnte ich mir das nicht vorstellen, weil es einer der Grundpfeiler unserer Beziehung war, besonders auch über Sexualität und unsere Wünsche und Sehnsüchte zu sprechen – aber wer weiß, sicherlich konnten sich das andere Frauen auch nicht vorstellen? Kaum einer will ja wirklich wahrhaben, dass der Partner oder die Partnerin vielleicht Geheimnisse hat. Bei Tim glaub ich das aber wirklich nicht. Wir haben eine sehr große Offenheit. Neulich lag er mal nachts wach und fragte mich, ob es seltsam sei, dass er beim Sex mit Eva an unsere Nachbarin Nina gedacht hatte. „Nina? Warum? Das ist doch gar nicht dein Typ?“, hatte ich ihn verwundert gefragt. Irgendwie nicht, sagte er. Nina sah so brav und bieder aus. Sie war Erzieherin in einer Kinderkrippe und redete mit Menschen gemeinhin so, als wären es kleine Kinder. „Aber die Vorstellung, ihre wilde Seite ans Licht zu holen, hat mich schon angemacht. Du bist mittlerweile so … ich weiß auch nicht … verdorben“, sagte er, „und Eva auch. Ihr seid so fordernd und macht eigentlich alles mit.“ Ihm fehlte offenbar das Gefühl, der Erfahrenere zu sein, in seiner Fantasie machte ihn gerade Ninas Unschuld an.

# Verdorben

Lustigerweise bestätigt dieser Gedanke auch das, was ich in den letzten Jahren oft beobachtet habe: In der Theorie finden Männer es toll, eine offene und erfahrene Frau zu treffen. Aber gleichzeitig schüchtert es sie auch ein. Sie fürchten wohl, dass ich eine Liste darüber führe, welcher Kerl es mir wie gut besorgt hat, und fühlen sich dadurch vielleicht beliebig. Gerade zeichnet sich ja ein spannender Trend ab: Während Medien und Personen des öffentlichen Lebens immer offenherziger werden, kehrt bei vielen Menschen privat scheinbar eine neue Prüderie ein. Da gibt es Kerle, die auf TikTok erklären, dass nur eine Jungfrau das einzig Wahre sei, und ziehen einen eigentümlichen Vergleich: dass nämlich auch niemand ein abgelegtes Brautkleid tragen wolle. Genauso wolle auch niemand eine abgelegte Frau vögeln. Mit solchen Männern habe ich natürlich wenig zu tun. Aber auch die, die eine gleichberechtigtere Sicht auf die Welt haben, fühlen sich häufig wohler, wenn sie eine exklusive Rolle einnehmen. Sie wollen der Erfahrenere sein. Und sie wollen sich sicher fühlen, ohne echte Konkurrenz. Mit meinem Job kann ich das natürlich nicht bieten. Dass irgendjemand für mich beliebig wäre, kann ich allerdings auch nicht behaupten.

# Beliebig oder besonders sein

Jeder einzelne Mensch, mit dem ich Sex hatte, ist speziell für mich. Ich wäre doch dumm, meine Zeit mit langweiligem Kram und beliebigen Menschen zu verbringen. Wenn ich mit jemandem schlafe, dann will ich das auch. Sonst würde ich es mir lieber selbst machen. Auch wenn ich schon mit „ein bisschen" mehr Männern Sex hatte, als die deutsche Durchschnittsfrau es von sich behauptet (das wären nämlich gut 6 Sexpartner im Laufe des Lebens und nun ja – das ist so ziemlich meine Zahl für das vergangene Jahr), so ist es doch mit jedem etwas Besonderes. Ich kann mich mit großer Zuverlässigkeit an den Geruch jedes Einzelnen in den letzten Jahren erinnern. Ich weiß, wer mich wie berührt hat, und ich kann mich bei jedem an etwas erinnern, was besonders schön zwischen uns war. Und mit jedem habe ich etwas erlebt, das ich sonst noch nie so erlebt hatte. Und zwar in der Regel völlig ungeplant. Ich hatte zum Beispiel erst einmal im Wald gegen einen Baum gelehnt Sex. Wir hatten natürlich geplant, Sex zu haben, als wir uns verabredet haben, aber das genaue Szenario war spontan. Ich werde diesen Mann – Matthias – nie vergessen, mit dem ich das erlebt habe. Er hat mich einfach beim Ficken die ganze Zeit in der Luft balanciert. Das merk ich mir. Er hatte gar nicht so stark ausgesehen. Hätte ich das geplant, hätte ich mir einen anderen Mann dafür ausgesucht. Er wird immer besonders speziell für mich sein. Mit anderen ist anderes speziell und besonders. Menschen sind nicht austauschbar, oder sie sind es eben doch. Manche werden zu etwas Besonderem, weil man mit ihnen etwas Besonderes verbindet: eine Erkenntnis, ein Erlebnis oder irgendwelche Gefühle. Ob ihr Schwanz in mir drin war, ist dabei nicht der entscheidende Punkt. Dennoch war es für viele Männer früher oder später ein Problem, dass sie nicht die Einzigen waren, die ich traf oder mit denen ich chattete. Sie fühlten sich, als wären sie nur eine zweite Wahl, wenn Tim nicht da ist, oder kamen sich vor wie auf der Abschussliste. Als würde ich sie austauschen, sobald ein besserer Kandidat käme. Dabei merkten sie nicht, dass ja genau das Gegenteil der Fall ist. Wenn ich jemanden kennenlerne, der mir Lust macht, mit dem ich chatte und flirte, dann nimmt das weder Tim noch Jan noch einem anderen Menschen irgendetwas weg. Eigentlich wäre die „Gefahr“, dass ich jemand anderen kennenlerne, bei einer monogamen Konstellation viel größer, denn dann müsste ich mich ja trennen. So wie die Dinge jetzt liegen, trenne ich mich aus nur einem Grund von jemandem: wenn es zwischen uns nicht mehr passt. Das hat mit anderen Beteiligten absolut nichts zu tun. Viele Männer, die ich getroffen habe, haben schnell Angst, nicht genug zu sein und ausgetauscht zu werden. Schade. Denn das nimmt den Fokus von genau dieser Beziehung. Natürlich ist es klasse, wenn man etwas mit jemandem zum ersten Mal erlebt. Aber für mich ist das etwas, das nebenbei geschieht. Ungeplant. Für andere ist das ganz anders.

# Bucketlists

Ich fühle mich oft wie ein Spiegelstrich auf einer Bucketlist. Männer fragen mich, ob ich schon mal auf einer Parkbank Sex hatte, und wenn ich Nein sage, dann wollen sie es gerne mit mir machen. Als ginge es darum, bestimmte Techniken oder Szenarien abzuarbeiten. Genau so geht es mir mit sehr jungen Männern. Die wollen – da mach ich mir nichts vor – mal eine Milf flachlegen. Um mich selbst geht's dabei nicht, nur um meine Erfahrung. Dreier ist ja auch so ein Klassiker und auch einer der Gründe, warum ich da aktuell keine Lust drauf habe: Männer suchen online nach einem Paar für einen Dreier. Wenn wir als Paar einverstanden sind, dann sind die Männer in der Regel so froh, überhaupt ein Paar gefunden zu haben, das einigermaßen in ihr „Beuteschema" passt, dass sie es nur um des Erlebens willen tun. Kann man mal machen. Ich verurteile das nicht. Aber ich fühl mich dabei austauschbar. Und ich will kein Spiegelstrich auf irgendeiner Bucketlist sein. Ich selbst hab so was auch gar nicht wirklich. Ich weiß aber, dass da draußen noch ganz vieles wartet, das ich noch entdecken werde. Da freu ich mich drauf und bin mir sicher, das Leben hat noch viele Highlights für mich auf Lager. Aber planen und abhaken will und kann ich das nicht. Wenn man etwas mit jemandem zum ersten Mal macht, ist der Druck relativ klein. Man wird nicht verglichen. Denn man ist ja per Definition schon besonders. Ich versteh, dass Menschen das gefällt. Aber ich mag es lieber, wenn ich für andere und andere für mich besonders sind, obwohl ich technisch ähnliche Sachen auch schon mit anderen gemacht habe. Ich freue mich, wenn jemand etwas schon Dutzende Mal gemacht hat und es mit mir trotzdem besonders war.

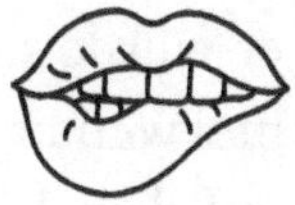

# Sex trainieren

Natürlich ist Sex etwas Intimes und eine Sache, die man nicht klassischerweise lernen muss. Es kommt viel auf das Mindset an und darauf, sich fallen und dann treiben zu lassen. Und trotzdem gibt es natürlich auch Techniken, an denen man feilen und die man verbessern kann. Und man kann Kondition trainieren. Ich bin zum Beispiel ziemlich fit im Blasen. Ich mach das auch einfach recht oft, hab länger an meiner Technik gearbeitet, Verschiedenes ausprobiert und kann das daher gut. Ich hab dazu ja sogar Kurse belegt. Genauso wie zum richtigen Handjob und auch zur Prostatamassage (falls ich dieses Wissen mal irgendwann brauchen kann). Ich liebe es einfach, mich mit diesen Dingen zu beschäftigen. Es hat schon ein bisschen was von einem Sport: Ich will besser werden. Daran ist nichts Verwerfliches. Ich erinnere mich noch genau an Felix, mit dem ich mal Sex hatte und der mich wegen meines Beckenbodens liebevoll seine „kleine Saftpresse" genannt hat. Ich bin eben gut im Training, ich weiß, was ich mag, und ich weiß, wie ich mich bewegen muss, damit es mir gefällt. Kein Mensch würde einem Sportler vorwerfen, er würde sein Training mit weniger Begeisterung machen, nur weil er eben nicht zum ersten oder zum zehnten Mal auf dem Laufband steht, sondern gerne und regelmäßig. Wir gehen bei allem im Leben sonst davon aus, dass Übung den Meister macht, dass man besser wird, wenn man trainiert. Nur beim Sex und bei Gefühlen soll das anders sein? Das find ich seltsam.

„Beim Sex versteh ich deinen Punkt", warf Sina ein. „Sex ohne Gefühle geht mit vielen Menschen und macht Spaß. Aber Liebe ist was anderes. Man hat eine Liebe – einen Partner, mit dem man sein Leben teilt und auf den man sich verlässt. Wenn man sich in jemand anderen verliebt, dann ist das doch ein Zeichen dafür, dass man einander nicht mehr liebt, oder?"

# Große Herzen

Ich widersprach entschieden: „Wir beide können hier zusammensitzen und reden, und ich kann mich heute Abend mit einer anderen Freundin zum Sport treffen, und danach telefoniere ich mit wieder jemand anderem. Es macht unsere Freundschaft nicht weniger wichtig, ob ich auch andere Freunde habe."

Sina nickte. „Sport wäre für mich Höchststrafe, und telefonieren am Abend nervt mich eher."

Ich weiß. So ist das mit Freunden. Wenn man sich ihrer sicher ist, dann ist es voll okay, wenn man nicht der oder die Einzige ist. Jede Freundschaft ist eigenständig wertvoll. So ist das auch mit Partnerschaften. Eine Beziehung ist nicht weniger wertvoll, nur weil sie nicht die einzige ist. Ich wundere mich manchmal, dass es so normal ist, dass uns mit verschiedenen Menschen ein tiefes Gefühl der Freundschaft verbindet, aber wenn man romantische Gefühle für mehrere Menschen hat, wird einem die Echtheit abgesprochen. Ich schlafe noch genauso gerne mit Tim wie früher.

Der Sex mit ihm ist mit dem Sex mit Jan oder mit dem Sex mit irgendeinem One-Night-Stand nicht vergleichbar. Mit jedem macht mir etwas anderes Spaß. Das schmälert nicht das Vergnügen, sondern vergrößert die Möglichkeiten. Mit Tim ist es wunderbar entspannt, und ich kann mich fallen lassen. Er weiß genau, welche Knöpfe er drücken muss, um mich zum Orgasmus zu bringen. Sex mit ihm ist zuverlässig und ein bisschen verrucht. Wir schauen dabei gerne Pornos, und jeder von uns weiß genau, was zu tun ist. Es ist das ultimative Zu-Hause-Gefühl. Mit Jan mag ich, wie Sex aus langem Kuscheln und Küssen entsteht. Am liebsten morgens, direkt nach dem Aufwachen. Ich mag, wie unterschiedlich es sich jedes Mal anfühlt. Sex mit ihm ist wie essen in einer Tapas Bar. Und Sex im Club oder mit einem One-Night-Stand ist wieder ganz anders. Neu und aufregend. Niemand nimmt niemandem etwas dabei weg. Sex mit Tim wäre ganz genauso, wenn Jan nicht da wäre. Wobei: Da muss ich relativieren. Ich finde, Tim hat seine Technik etwas verändert, seit er mit Eva schläft. Vielleicht mag sie es etwas anders als ich. Der Sex mit ihr motiviert auch ihn, sich zu entwickeln. Und auch mein Sex mit Jan beflügelt den Sex mit Tim. Tim schaut sich zum Beispiel gerne Videos davon an, wie Jan mit mir schläft. Manchmal blas ich dabei seinen Schwanz. Unsere außerehelichen Beziehungen beflügeln und erweitern auch unseren gemeinsamen Sex. Ein Gewinn für alle. Auch auf emotionaler Ebene ist es so, dass niemand dem anderen etwas wegnimmt. Tim und ich stehen uns genauso nah wie früher. Vielleicht sogar noch etwas näher, weil wir uns mit unserer Beziehung viel auseinandergesetzt, miteinander besprochen haben und gemeinsam gewachsen sind. Ich kann ihn immer gleich stark lieben, und ich kann einen anderen immer gleich stark begehren – unabhängig davon, ob mir noch mehr Leute am Herzen liegen.

„Aber unsere romantische Vorstellung von Liebe – gesellschaftlich – ist ja schon irgendwie, dass man einander genug ist. Ist das nicht Liebe: Dass man eben nicht noch jemand anderen braucht?", fragte Sina.

Ein interessanter Punkt, der, glaub ich, wirklich tief in unserer Gesellschaft verankert ist. Doch ich muss dazu eine Gegenfrage stellen: „War dir dein erstes Kind nicht genug?", fragte ich Sina provokant. „Hat es dir nicht ausgereicht? Hast du deshalb ein zweites Kind bekommen? Nein. Hast du nicht. Du hast dein erstes Kind von ganzem Herzen geliebt, und in deinem Herzen war trotzdem noch Platz." Denn so ist das mit der Liebe und mit unseren Herzen: Da ist immer noch mehr Platz, auch wenn man vorher nicht gerade das Gefühl von Leere hatte.

„Aber trotzdem ist Zeit ja ein endliches Gut", entgegnete Sina. „Wir können eben nicht unendlich viele Freundschaften pflegen. Partnerschaften brauchen ja in der Regel noch ein bisschen mehr Zeit als Freundschaften. Und seien wir mal ehrlich: Mit Kindern und Job und Hobbys und Haushalt ist zumindest mein Tag wirklich voll. Ich wüsste gar nicht, wann ich noch jemanden treffen sollte."

Ich erinnerte Sina daran, wie wir uns erst neulich über die Mütter beschwert hatten, die immer meinten, sie hätten keine Zeit für Sport oder für sich selbst. Selbstverständlich hat man Zeit – es muss einem halt wichtig genug sein, sie sich zu nehmen. Eine weitere Partnerschaft – eine dritte Verbindung – wäre mir tatsächlich vom jetzigen Standpunkt aus nicht wichtig genug, um mir dafür Zeit zu nehmen. Ich bin total ausgelastet. Aber ich hatte das schon. Eine Weile habe ich im letzten Jahr noch eine Frau gedatet, die mir in dem Moment wichtig genug war.

„Eine Frau? Wir reden seit Stunden, und ich hör so viele Geschichten über Männer: Männer in Dates, Männer online, und jetzt kommst du mit dieser Neuigkeit so nebenbei um die Ecke!"

Ich freute mich ja, dass ich Sina immer noch überraschen konnte.

# Bi-logisch

Es hatte sich bislang einfach keine Gelegenheit gegeben, das zu erzählen, und so wahnsinnig wichtig war es auch nicht. Wobei. Irgendwie schon. Tina war eine wirklich tolle Frau. Sie war Architektin und superkreativ. Ich fand sie gleich attraktiv, als wir uns kennengelernt haben. Sie hatte dunkelrote Haare und eine sanfte Stimme und trug wunderschöne selbst gebastelte Ohrringe. Irgendwie erinnerte sie mich an eine Schulfreundin von mir, in die ich als Teenager mal verknallt gewesen war. Sie hatte auch Kinder, wie ich, wir hatten gleich eine total freundschaftliche Basis, und als wir uns das erste Mal geküsst haben, auf einer Bank am See, da fühlte ich tausend Schmetterlinge in meinem Bauch. Ich war so aufgeregt. Wir berührten uns ganz zärtlich, ihre Lippen waren herrlich weich. Sie küsste mich so vorsichtig, ganz anders, als ich es von allen Männern kannte, die ich je in meinem Leben geküsst hatte. Ich fasste sie sanft am Nacken, während wir uns küssten und uns dazwischen tief in die Augen schauten. Nach diesem ersten Date trafen wir uns einige Male. Mal kochten wir bei ihr zusammen, mal gingen wir ins Schwimmbad, mal machten wir eine Wanderung. Es waren wunderschöne Verabredungen. Sie trug halterlose Strümpfe, als wir mal zusammen im Bett landeten. Nie zuvor hatte sich, glaub ich, jemand für Sex mit mir extra besondere Unterwäsche angezogen. Sie zu berühren war wirklich schön. Trotzdem hat es am Ende nicht geklappt. Aus mehreren Gründen: Erstens waren wir vielleicht nicht Freunde genug. Ich hatte schnell keine Lust mehr, mich mit ihren Problemen zu belasten, und ihre Zartheit und Verletzlichkeit, die mir am Anfang so gefallen hatte, haben mich schon bald gelangweilt. Ich glaube, ihr ging es mit mir ähnlich. Und als sie bald anfing, sich in die Erziehung meiner Kinder einzumischen und mir zu sagen, was ich anders machen müsste, war der Ofen für mich endgültig aus. Wir hatten uns ziemlich schnell nichts mehr zu sagen. Unser Kontakt plätscherte eine Zeitlang dahin, dann schlief er ein, wahrscheinlich im gegenseitigen Einvernehmen. Seitdem hatte ich keine Lust mehr, eine Frau zu daten. Ich habe es noch ein paarmal versucht, aber so richtig und von ganzem Herzen ist es einfach nicht mein Ding. Die intensive Auseinandersetzung mit mir und meiner Sexualität hat auch dazu geführt, dass ich klar erkenne: Manche Dinge und Konstellationen mag ich in meiner Fantasie, Sex mit einer Frau zum Beispiel. Aber im Real Life, im echten Erleben, ist es zwar punktuell nett, aber ich bin das irgendwie nicht. Ich fühle es nicht. Frauenkörper sind schön, keine Frage. Aber Männer mag ich einfach lieber.

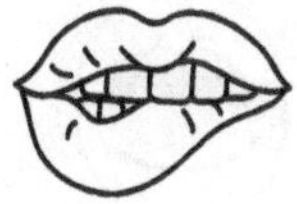

# Achtsam mit Ressourcen

Doch zurück zum Thema Ressourcen: Wir haben immer die Wahl, wofür wir diese einsetzen. Vor allem die Ressource Zeit. Und ich investiere sie gerne in meine Beziehungen. Eine zweite Beziehung zu führen, bedeutet mehr Abenteuer, mehr Nähe, mehr Knutschen. Gleichzeitig bedeutet es mehr gebundene Zeit, mehr Sorgen, mehr Konflikte und Absprachen. Es bedeutet insgesamt mehr Intensivität. Mehr Leben. Natürlich ist das anstrengend und fordernd, aber die Personen geben mir ja auch genauso viel zurück. Tim und Jan, aber auch alle anderen geben mir Kraft und Lebendigkeit. Jeder einzelne Kontakt erweitert meinen Horizont. Beziehungen sollten so sein: dass sie uns so viel zurückgeben, wie sie uns kosten.

„Sie geben einem so viel zurück. Das sagt man über Kinder auch“, lächelte Sina. „Schmutzige Taschentücher zum Beispiel.“ Wir mussten lachen.

# Beziehung im Wandel

Die Beziehung zwischen Tim und mir hat sich in den letzten Jahren immens gewandelt. Beziehungen sind ja immer im Fluss. Und seit der Öffnung natürlich umso mehr. Wir nehmen unsere Beziehung heute viel intensiver wahr als in den monogamen Zeiten. Die offene Beziehung ist für mich wie ein Katalysator. Alles wird krasser: das Gute genauso wie das Schlechte. Natürlich gab es besonders in der ersten Zeit viel Eifersucht. Wir waren einfach noch total darauf gepolt, dass wir einander genug sein müssen. Jeder von uns hatte schnell Angst, dass der andere die Beziehung infrage stellt, wenn er sich auch für andere Partnerschaften interessiert. Ich hatte Sorge, Eva würde Tim etwas geben, das er zu Hause nicht hat. Mit ihr ist alles so einfach und unbeschwert. Er sieht nur ihre Sonnenseite. Zu Hause dagegen hat er das ganze Paket, mit schlechter Laune, Wäschebergen und quengelnden Kindern. Wenn Tim bei Eva ist, kocht sie für ihn und ist nur für ihn da. Sie ist schon frisch geduscht und hat aufgeräumt. Zu Hause kriegt er dieses Rundum-sorglos-Paket natürlich nicht. Klar hatte ich da oft Schiss, dass er lieber dort bliebe, als nach Hause zu kommen. Umgekehrt war es auch so. Tim wusste, wie emotional und gefühlsgeleitet ich bin. Er ist so abgeklärt, ich dagegen liebe es romantisch. Da hatte er schon Angst, dass ein anderer Mann käme und für mich kochen, mit mir stundenlang rumknutschen, mich in die Oper begleiten und mit mir Hand in Hand am Strand entlangschlendern würde. Alles Dinge, die Tim niemals tun wollte. Es hat gedauert, und es dauert auch weiterhin an, dass wir einander von ganzem Herzen vertrauen und einander unsere Erfahrungen gönnen können, ohne neidisch zu sein.

Ich glaubte auch eine Weile, Tim würde lieber mit Eva schlafen als mit mir. Heute weiß ich, dass das Ganze komplexer ist. Eva ist offenbar herrlich unkompliziert. Natürlich gefällt Tim das. Es tut ihm gut, und es gibt zwischen den beiden keinen Ballast. Eva und Tim sehen sich naturgemäß nicht jeden Tag. Sie haben keinen Alltag, begegnen sich nicht morgens im Bad und kriegen voneinander immer nur die Schokoladenseite mit. Keine Püpse, kein Ärgern über nicht erledigte Aufgaben und keine Streiterei darüber, wer den Elternabend verpasst hat. Nur volle Konzentration aufeinander in einem sauberen Bett und entspannter Atmosphäre. Klar geht mir das umgekehrt genauso. Ich genieße es, mich für Jan zurechtzumachen, den Alltag auszublenden, sich einfach aufeinander konzentrieren ohne Ablenkung und ohne irgendwas anderes zu besprechen. Es ist schön, mit jemandem so eine Insel der Geborgenheit zu teilen. Tim schläft nicht lieber mit Eva als mit mir, aber er genießt die Auszeiten und den mal ganz anderen Input und Fokus beim Sex. Das heißt aber nicht, dass er das dauerhaft eintauschen wollen würde. Müsste er sich entscheiden, würde er sich für mich entscheiden. Da bin ich mir sicher. Aber er muss sich nicht entscheiden. Dafür gibt es für uns einfach keinen Grund.

Ich liebe, dass unsere Beziehung auch funktioniert, wenn ich nicht der einzige Sextraum seiner schlaflosen Nächte bin. Wenn er bei Eva war und nach Hause kommt und ich bin noch im Halbschlaf wach, dann kuschelt er sich an mich und murmelt: daheim. Und dann rollt er sich an mich ran und schläft ein. Ich kenne meinen wichtigen Platz in seinem Leben. Der ändert sich nicht durch Sex mit Eva oder irgendjemand anderen. Keiner von uns hat wirklich große geheime Sehnsüchte, die er unterdrücken muss. Schließlich können wir sie einfach ausleben. Das gibt Sicherheit. Denn ich weiß – wir beide wissen –, dass wir von ganzem Herzen zusammenbleiben wollen. Keiner bleibt aus Verpflichtung, Gewohnheit, wegen der Kinder oder aus sonstigen Gründen. Ist ja schließlich gar nicht nötig. Er könnte viel länger bei Eva bleiben und mit ihr quasi zusammenleben. Will er aber nicht. Er will hier leben, mit mir. Das ist ein schönes Gefühl.

# Unabhängigkeit

Der Prozess, unsere Beziehung zu öffnen, hat unseren Horizont immens erweitert und unser beider Abhängigkeit voneinander minimiert. Liebe und emotionale Abhängigkeit sollte man nie verwechseln. Früher, als wir neu zusammen waren, waren wir total abhängig voneinander. Das war auch schön. Vielleicht haben wir das gebraucht, um zusammenzuwachsen. Wir haben nichts ohne einander gemacht. Statt auf Partys zu gehen, wie es für Studenten vielleicht üblich ist, sind wir stundenlang zu zweit spazieren gegangen. Wenn ich mit der Arbeit fertig war, hat er mich abgeholt und mir ein kleines Geschenk mitgebracht, eine Blume, eine Karte oder was auch immer, weil er mich so vermisst hatte. Wir haben jede freie Minute miteinander verbracht.

Heute, nach 18 gemeinsamen Jahren und der Geburt von zwei Kindern, die mittlerweile beide zur Schule gehen, ist das Gegenteil der Fall. Jeder macht sein eigenes Ding. Und wenn jemand fragt, wo Tim grade ist, kann ich es oft nicht beantworten. Ich kenne viele seiner Freunde nicht, und wir verbringen unsere Freizeit oft ohne einander. Jeder geht seinen eigenen Hobbys nach. Und das ist wirklich auch schön. Es ist nicht schlechter oder besser als früher, und es ist nicht schlechter oder besser, als es andere machen. Es sind eben verschiedene Phasen einer Beziehung. Die Zeit, die wir gemeinsam verbringen, sind wir immer noch intensiv zusammen. Aber wir haben viel mehr Sicherheit. Wir sind selbstständiger geworden. Wir brauchen uns nicht mehr. Wir wollen einander einfach. Das ist schon eine besondere Art der Liebe. Man kann einander schließlich gar nicht versprechen, für immer zusammen zu sein, und man kann einander auch nicht versprechen, sich für immer zu lieben. Was man einander allerdings versprechen kann, und das haben wir getan: dass wir füreinander Sorge tragen, einander achten und respektieren, ehrlich und loyal sind und füreinander einstehen. Und das ist schließlich schon schwierig genug. In der Liebe scheint nicht immer die Sonne. In der Liebe bleibt nicht alles immer so rosarot. Liebe ist kein Hollywoodfilm, an dessen Ende man ein Leben lang gemeinsam in den Sonnenuntergang schaut. Das wär auch total langweilig. Liebe ist für uns gemeinsam wachsen, einander unterstützen, Hindernisse bewältigen. Und das gelingt uns bisher ganz gut.

# Normalität

Neulich fand ich bei Tim im Wäschefach eine Boxershorts, als ich auf der Suche nach einer Schlafhose für mich war. Ich kannte die Boxershorts nicht, aber ich dachte mir nicht viel dabei. Sie sah so ähnlich aus wie die anderen, und ich dachte, er habe sie entweder neu gekauft oder sie wäre alt und mal irgendwo dahintergerutscht. Keine Ahnung. Jedenfalls zog ich sie an. Wir teilen uns oft Klamotten. Das ist nicht weiter besonders. Als Tim am nächsten Tag sah, dass ich sie wieder zum Schlafen anzog, sagte er mir, dass er sie eigentlich wieder mit zu Eva nehmen wollte. Weil die Hose ihr gehöre. Da bin ich ganz schön erschrocken und wusste nicht recht, was ich davon halten sollte. Irgendwie war mir geteilte Unterwäsche dann doch zu viel Nähe mit einer Frau, die ich gar nicht kennen. Ich hab sie seither nicht mehr angehabt. Aber irgendwie ging mir diese Hose länger nicht aus dem Kopf. Wie normal es ist, wie sich alles vermischt. Als wir zum Klettern gefahren sind, hat Eva uns ihre Klettergurte mitgegeben. Und die Jacke, die Jan mir neulich ausgeliehen hat, trägt meine Tochter total gerne. Manchmal kommt uns das Ganze auch irgendwie unwirklich vor. Wie gut sich alles fügt. Übersehen wir da was? Wir hinterfragen uns da auch oft. Doch solange es sich gut anfühlt, genießen wir es, wie es ist. Wir fühlen uns angekommen.

# Routinen

Nach einer Weile sagte Sina wieder ganz ernst: „Beziehungen sind wertvoll, vielleicht auch, weil sie so exklusiv sind. Ich hatte nie wirklich einen anderen Mann als den, den ich habe. Alle meine wichtigen sexuellen Erfahrungen habe ich mit ihm gesammelt. Ich bin nicht prüde oder so, aber diese Exklusivität bedeutet mir schon was. Ich weiß nicht, wie ich damit umgehen könnte, auch für meinen Mann eine von hundert zu sein."

Ich verstand sie da. Natürlich. Die oder der Einzige zu sein ist ein schönes Gefühl. Es gibt Sicherheit. Dennoch gibt es nichts auf der Welt, das nur positive Seiten hat oder nur schlecht ist. Jede Beziehung hat ihre Herausforderungen und Hürden. Egal ob monogam oder polyamor.

## Alltag: Verliebt sein

Das Gute, wenn man schon mehr Erfahrung hat und vor allem, wenn auch die Partner schon etwas mehr Erfahrung haben: Ich hab eigentlich nie Sorge, dass sie denken würden, sie hätten irgendwas verpasst. Und ich weiß, dass sie es so, wie es ist, wirklich mögen. Wenn sie es nicht mögen würden, wären alle souverän genug, offen drüber zu reden. Das ist wirklich toll. Keine versteckten und geheimen Fantasien und keine verpassten Chancen.

„Aber auch wenig Neues“, warf Sina ein.

Da muss ich ihr zustimmen. Man stumpft ab mit der Zeit. Je besser man sich und seinen Körper kennt, und je vielfältiger die sexuellen Erfahrungen sind, die man so macht, desto weniger aufregend wird es. Die Erlebnisse müssen ausgefallener werden, um noch den gleichen Kick zu geben wie früher. Wie voller Schmetterlinge und Aufregung war damals der erste Kuss von Frank bei unserem Dreier, und wie aufregend war es, wie Tim mich da beobachtet hat. Und wie natürlich und gewohnt ist mir diese Art der Nähe heute. Natürlich bin ich immer noch positiv aufgeregt, aber eben auch ruhiger. Doch Routine hat auch ihr Gutes. Ich bin beim Sex heute so fokussiert und kann all diese Gefühle richtig in mich aufsaugen. Ich kenne meine Wirkung auf Männer. Positive Rückmeldungen von einem Einzelnen haben nicht mehr den großen Stellenwert wie in der Anfangszeit meiner sexuellen Revolution. Ich bin viel wählerischer als früher. Wenn ich bedenke, wie wenig mein erster Flirt, mit dem ich im Auto landete, meinen Männergeschmack getroffen hatte … Auch zu Frank, mit dem wir tolle Dreier-Erlebnisse hatten, würde ich heute nicht mehr Ja sagen. Ich würde mir mehr Zeit geben, mich umzusehen und jemanden zu finden, der meinen Männergeschmack eher trifft. Gewohnheit sorgt dafür, dass ich punktgenauer wähle. Es dreht sich nicht mehr alles nur um Sex. Diese Sicherheit, nichts zu verpassen, wenn ich genieße, was ich habe, ohne dass ich das Gefühl habe, jedes Erlebnis mitnehmen zu müssen, das aufregend sein könnte. Das ist schön. Und nicht zuletzt haben einige meiner sexuellen Erfahrungen mir eben auch gezeigt, was ich nicht will. Auch das ist wertvoll. Ich bin näher bei mir selbst und mir klarer darüber, was ich will und brauche.

Für Sexpartner ist es mit mir nicht immer ganz einfach. Sie fühlen sich durch meine Erfahrung und meine Klarheit komischerweise oft unter Druck. Manche Männer entschuldigen sich vor dem Sex, weil sie schon vorher Sorge haben, meinen Ansprüchen nicht zu genügen. Was natürlich Quatsch ist. Dennoch haben viele Männer das Gefühl, sie müssen „liefern", um mich zufriedenzustellen. Das liegt an ihrem eher traditionellen und sehr patriarchalen Mindset: dass es beim Sex um ihre Leistung gehe. Als wäre er der Ficker und ich nur die Empfangende. Dabei ist Sex doch viel mehr und viel komplexer, auch das habe ich im Laufe meiner sexuellen Revolution gelernt. Es ist eine gemeinsame Leistung. Dass ich dazu auch gewillt bin, etwas beizutragen, blenden viele aus. Ein Mann ist für mich vor allem dann gut im Bett, wenn er mir erlaubt, mich auch einzubringen. Entgegen der landläufigen Meinung bemisst sich die Frage danach, ob eine Frau gut im Bett ist, nämlich nicht daran, was sie mit sich machen lässt und wie gut sie dabei aussieht.

## Routine in Onlinebeziehungen

Das gilt auch für die Onlineverbindungen. Mich schreiben jeden Tag Menschen an. Ich bin freundlich, ihnen aber natürlich mittlerweile auch gleichgültiger gegenüber. Ich habe nicht die inneren Kapazitäten, mich in jeden Einzelnen empathisch hineinzuversetzen. Auch wenn manche natürlich sehr sympathisch sind: Online funktioniert für mich nur so: unverbindlich. Ich hatte schon anregende und wunderbare und auch etwas tiefer gehende Gespräche. Und trotzdem ist die Kommunikation irgendwann einfach abgerissen, ohne dass es einen wirklichen Grund zu geben schien. Das kann man bedauern oder nicht. Bei der kleineren Gruppe auf den Bezahlplattformen setze ich etwas mehr Energie in die Small Talk-Chats. Aber im Grunde genommen ist es natürlich etwas Ähnliches. Meistens bleibt es bei anregenden, wunderschönen gemeinsamen Momenten, die mir natürlich viel bedeuten und die mich anmachen, aber bei denen niemand ein schlechtes Gewissen haben muss, wenn er keine Lust mehr hat. Mit ein paar wenigen habe ich eine persönliche Bindung. Aber das ist schon ziemlich selten. Und selbst denen nehme ich es nicht übel, wenn sie sich eine Zeitlang nicht melden. Dafür bin ich mir zu sehr bewusst, wie sehr die Onlinewelt für viele gar nicht so wirklich real ist. Ich beziehe das nicht mehr auf mich. Mir ist es am Anfang zu oft passiert, dass ich es persönlich genommen habe, wenn ich mit jemandem geschrieben habe und derjenige dann einfach wieder weg war und sich nicht mehr gemeldet hat oder entfolgt ist. Jetzt weiß ich: Das kann tausend Gründe haben. In der Regel ist es eben so, dass sich die Männer bei mir bedienen. Seitdem ich das erkannt habe und es so hinnehme, geht es mir deutlich besser. Ich freu mich über den Kontakt zu Menschen, aber ich bin nicht gewillt, irgendwelche Emotionen zu investieren. Bei manchen weiß ich, dass sie alle paar Monate kommen und dann überschwänglich viel schreiben. Und dann sind sie wieder weg. Das darf mich nicht jucken. Trotzdem bedeutet mir das Schreiben und Interaktion viel. Mich berührt es, wenn mir jemand schreibt, dass meine Inhalte besonders sind. Und ich mag es, wenn zahlende Abonnenten mir Cumtributes schicken. Mich motivieren die Reaktionen meiner Follower. Und dass sie dabei keinerlei emotionale Verpflichtung mit mir eingehen, ist für sie eher ein Gewinn als ein Manko.

### HOT FACT

**Ein Cumtribute ist ein Foto oder Video davon, wie ein Mann auf ein Foto oder Video einer bestimmten Person ejakuliert. Das Cumtribute ist damit ein Kompliment an die dargestellte Person. Zumindest gilt das, wenn die dargestellte Person auch mit dem Cumtribute einverstanden ist. Das Verschicken von Cumtributes gegen den Willen der abgebildeten Person ist, genau wie das Verschicken von Dickpics, sexuelle Belästigung.**

## Im Business kehrt Alltag ein

Wie nervös war ich, als ich mich das erste Mal nackt fotografiert habe. Und wie nervös war ich erst vor meinem ersten Video, wie aufregend fand ich es! Ich habe ja nur einen Dildo benutzt und es mir ganz normal und in Alltagsklamotten selbst gemacht. Und obwohl es im Vergleich zu heute total unschuldig war, hat es zu veröffentlichen mir und meinen Followern Herzklopfen gemacht. Heute liebe ich es, Videos zu machen, die mich fordern. Das ist nicht besser oder schlechter als am Anfang, aber es muss halt immer ein bisschen intensiver, verrückter oder einfach mehr sein, damit es mich noch kickt. Dadurch entwickle ich mich weiter.

„Ich hätte gedacht, dass so ein Sexkanal schnell zum Selbstläufer wird. Irgendwie ist es ja immer das Gleiche, oder?“, fragte Sina.

Und in gewisser Weise stimmt das natürlich. Es ist auf seine Art immer wieder das Gleiche. Und trotzdem muss es mir gelingen, immer wieder etwas Neues zu machen. Ich habe ja viele Follower, die mich über Monate und mittlerweile schon Jahre begleiten. Die würden kaum bleiben, wenn sich alles wiederholen würde. Und außerdem ist es ja auch für mich persönlich wichtig, gefordert zu bleiben. Nichts schlimmer, als wenn es mir langweilig wird.

## Abstand gewinnen

Ich weiß, dass sich viele Menschen das Sexbusiness als Selbstläufer vorstellen: Ein bisschen Arsch und Titten, ein paar anzügliche Sprüche, ein bisschen anheizen, so macht man online die fette Kohle. Aber das ist ein totaler Irrglaube, und das sag ich nicht, weil ich die Konkurrenz scheue, sondern weil es wahr ist. Es ist doch so, dass die Menschen immer vor allem die Profile sehen, die es eben schaffen, die groß geworden sind. Man sieht nicht, wer alles auf dem Weg dahin gescheitert ist. Aber wenn wir es mal auf den Punkt bringen: Ich gehöre zeitweise zu den drei Prozent der erfolgreichsten OnlyFans-Creator. Das bedeutet auch, dass 97 Prozent der Creator weniger Einkommen generieren. Und die sind ja nicht alle hässlicher als ich. Gar nicht. Es ist nur eben nicht leicht, Erfolg zu haben. Oft schreiben mich Frauen und manchmal auch Paare an, die Tipps wollen, wie sie auf OnlyFans erfolgreicher werden können. Sie posten erotischen Content, und kaum einer will dafür bezahlen. Ich überlege schon, ob ich bald mal Coachings dafür anbiete. Eigentlich wäre das naheliegend. Mal sehen. Irgendwann vielleicht. Aktuell entdecke ich noch täglich Neues. Und das fordert mich genug.

## Toleranz lernen

Eines der ersten Profile, denen ich auf Twitter gefolgt bin, war das von RH. Er ist mittlerweile leider gestorben. Doch solange er twitterte, gehörte er definitiv zu den Menschen, die meinen Horizont am meisten erweitert haben. Er lebte mit seinen vier Frauen, die seine Subs zu sein schienen, und einigen gemeinsamen Kindern zusammen. Seine Einblicke in den Alltag mit BDSM, in die Unterwerfung seiner Frauen, die er durch Schmerzen zum, wie er es nannte, „Fliegen" gebracht hat, haben mich befremdet und irgendwann auch berührt. Er schrieb mit so viel Liebe und Ehrlichkeit über die Sessions und über das Leben. Und er war bei Weitem nicht der Einzige. Es gibt viele Doms und Subs, Frauen, die darüber erzählen, mit wie viel Stolz sie ihre Demütigungen entgegennehmen und die die Spuren davon in Fotos und Videos zeigen. Menschen, die echte, ungeschminkte Einblicke gewähren in die Hochs und Tiefs einer Sexualität, die nicht in der Schule gelehrt wird und über die es wenig Aufklärung gibt. Die ersten Male haben mich sehr geschockt. Beine, die rot und geschwollen waren von den Schlägen mit verschiedenen Werkzeugen, blutende Bisswunden und Schilderungen von demütigenden Prozeduren. Ich konnte das am Anfang sehr schlecht aushalten. Doch mittlerweile habe ich es zugelassen. Ich kann es anschauen, ohne dass es mir beklemmende Gefühle macht. Ich will das selbst nicht erleben, aber ich muss mir auch nicht mehr die Augen zuhalten. Tim und ich haben mal ein bisschen mit Unterwerfung und Schmerz experimentiert, aber ich habe festgestellt, dass das einfach nichts ist, was mir etwas gibt. Und dennoch kann ich es ohne Vorurteile ansehen und darüber lesen. Ich bin in gewisser Weise abgestumpft, aber auf die gute Art. Diese Menschen sind Leute wie du und ich. Sie haben ihre Leidenschaft und ihre Freuden. Und BDSM hat eine Tiefe und Komplexität, die mich berührt. Wie reflektiert man das angehen kann, beeindruckt mich. Ich lese die Diskussion darüber gerne, wie viele Regeln es in den einzelnen Beziehungen gibt, wie weit die Unterwerfung im Alltag geht, wie sich umeinander gekümmert wird und mit wie viel Verantwortung das alles einhergeht. Ich mag es sehr zu verstehen, wie verschieden Menschen und ihre Neigungen sind.

## HOT FACT

**BDSM ist die Abkürzung der Worte Bondage & Discipline, Dominance & Submission, Sadism & Masochism. Es ist ein komplexes Zusammenspiel von Dominanz, Unterwerfung, Schmerzen und Ausgeliefertsein. Dabei gibt es ganz unterschiedliche Ausprägungen. Unterschieden wird in Menschen, die den dominanten Part übernehmen (Dom/Domme), und solche, die als Subs eher submissiv sind, sich also unterwerfen. Switcher sind Personen, die mal in der einen und mal in der anderen Rolle auftreten.**

# Selbstbild

Meine Arbeit ist niedrigschwellig. In meiner ganz normalen Sexualität, ursprünglich, echt, pur, bin ich nah dran an mir selbst und meinen Followern. Und das tut mir gut. Am Anfang habe ich alles dafür getan, dass auch wirklich nur meine Schokoladenseite online zu sehen ist. Doch ich habe gemerkt, dass niemand so kritisch ist mit meinem Körper wie ich selbst (und ein paar Hater, die sich eh auf alles stürzen). Ich fand meine Figur früher oft zu androgyn, meinen Hals zu adrig und meine Arme zu sehnig. Aber ich habe gelernt, dass es mehr als ein Schönheitsideal gibt. Und auch, dass jeder in mir etwas anderes sieht. Und sehen darf. Mein Körperbau ist relativ durchschnittlich. Eher drahtig. Ich wurde schon als Klappergestell bezeichnet und als curvy. Von beidem bin ich recht weit entfernt. Aber es zeigt, dass unheimlich viel dabei im Auge des Betrachters liegt. Ich arbeite gerne an mir, weil ich das Beste aus mir rausholen will, aber ich sehe mich nicht mehr so defizitär wie am Anfang meiner erotischen Laufbahn. Wenn ich heute ein Nacktbild von mir sehe, dann bleibt mein Blick nicht mehr an meinen Schwangerschaftsstreifen am Bauch hängen, sondern an meinen Brüsten, die, je länger ich sie betrachte, wirklich wunderschön sind. Die Menschen, die mir folgen, finden mich richtig und gut, genauso wie ich bin und gerade mit meinen Makeln. Die zeigen nämlich, dass es kein geschöntes Bild von mir ist, das ich zeige, sondern das Bild der echten und wahren Kiki. Sie lieben es, meine pure Leidenschaft mitzuerleben. So authentisch. Sie lieben es, sich vorzustellen, wie ich mit ihnen Sex habe. Auch dabei sind ein paar Makel hilfreich. Sie machen das Ganze noch realistischer. Denn natürlich haben auch die Männer ihre Defizite. So wie jeder Mensch.

# Vielfalt auf Bezahlplattformen

OnlyFans und überhaupt das private pornselling-Geschäft über die diversen Plattformen hat das Pornoangebot unfassbar vielfältig gemacht. Während ich früher, als ich begonnen habe, Pornos zu schauen, noch das Gefühl hatte, Pornodarstellerinnen seien praktisch alle gleich: superschlank, heftig geschminkt, blank rasiert am ganzen Körper und mit High Heels, sehe ich heute eine große Vielfalt. Frauen jedweder Statur, jeden Alters und jeden Styles bieten Bilder und Videos an. Die Rahmenbedingungen erlauben es, dass Frauen und überhaupt Menschen jeden Geschlechts freiwillig, selbstständig und eigenverantwortlich ihre Inhalte anbieten. Das ist ein großer Schritt nicht nur für mich als einzelne Frau, die erotischen Content anbietet, sondern bietet großes Potenzial generell für Pornodarsteller*innen.

## Empowerment

Ich kann vor der Kamera tun, was ich möchte, ohne Regisseur und ohne dass irgendwas mit irgendwem vereinbart wäre. Ich tu, was ich will, und werde dafür bezahlt. Madita Oeming lehrt Porn Studies an der Freien Universität Berlin. Ich verfolge ihre Arbeit, auch auf Twitter, sehr gerne. Sie betont immer wieder, wie „empowering" porn für Frauen sein kann, wie ermächtigend und bestärkend. Natürlich nicht sein muss. Aber Frauen und queere Menschen haben hier die Gelegenheit, selbst über ihre Sexualität zu bestimmen. Bezahlplattformen wie OnlyFans leisten dazu einen entscheidenden und wertvollen Beitrag. Und diese wissenschaftliche Einschätzung bestätigt sich in meiner persönlichen Erfahrung. Eigene pornografische Inhalte aufzunehmen, anzubieten und zu verkaufen, kann dabei helfen, Wunden zu heilen und Unsicherheiten zu überwinden, sich selbst zu finden und auch ein gesünderes Verhältnis zur eigenen Sexualität zu gewinnen. Nicht zuletzt verdiene ich dadurch Geld. Und wenn das nicht empowernd ist, dann weiß ich auch nicht. Am Anfang hab ich schon beschrieben, wie machtvoll ich meine Position beim bezahlten Sexting finde. Heute und mit einem größeren Portfolio fühle ich mich noch viel machtvoller als in der ersten Zeit. So viele Menschen wollen Anteil nehmen und finden mich gut so, wie ich bin. Natürlich pusht das mein Selbstwertgefühl, und es bringt mich auch zu einem gesünderen Verhältnis zu meinem Körper. Nie hab ich mich mit mir selbst so wohl gefühlt wie heute.

Sina guckte kritisch. „Das ist mir zu einseitig. Du willst doch nicht sagen, dass unser aller Leben plötzlich besser wird, wenn wir nur fleißig vor der Kamera masturbieren."

Nein. Das wollte ich natürlich nicht sagen. Nur weil es mein Leben, meinen Sex und meine Beziehungen bereichert, muss es für andere natürlich nicht genauso sein. Und selbstverständlich hat alles auch seine Schattenseiten.

## Die Schattenseiten des Online-Sexgeschäftes

Was macht es zum Beispiel mit Frauen, die sich bemühen, sich zeigen, ihre intimen Momente teilen und keiner oder kaum einer will dafür bezahlen? Wie muss es sich anfühlen, wenn man andere sieht, die erfolgreich sind, es selbst aber nicht schafft? Das ist schon in anderen Lebensbereichen blöd: Wenn jemand Sängerin werden will oder Influencerin, aber es einfach nicht schafft. Aber im Sexbusiness ist es schon noch ein bisschen schwerer auszuhalten. Einfach weil das Mindset herrscht, dass das jeder schaffen kann, wenn er nur ein bisschen Arsch und Titten zeigt. Dass diese Annahme nicht stimmt und es viele, viele Menschen gibt, die versuchen, dort wenigstens ein bisschen Geld zu verdienen und daran scheitern und was das mit einem macht: Darüber redet kaum einer.

Und es gibt noch einen anderen wirklich kritischen Punkt: Wie geht man mit dem Drive um, der sich auf OnlyFans schnell einstellt: das Gefühl, mithalten zu müssen. Wenn immer wieder Männer Wünsche äußern, die die Grenze dessen, worauf du Lust hast, eigentlich übersteigen, aber du dich irgendwann doch überreden lässt? Ich hatte großes Glück, weil ich mich immer wieder mit Tim austauschen konnte und jeden meiner Schritte intensiv hinterfragt habe. Doch auch ich war schon manchmal versucht zu denken: ach na ja. Sooo schlimm ist das ja auch nicht. Dann mach ich es halt, wenn er es sich wünscht. Und so passiert es schnell, dass man in einen Strudel gerät und sich am Ende dabei wiederfindet, wie man etwas tut, was man eigentlich nicht wollte. Bei mir ist das mit dem Gesicht so. Schon manchmal war ich kurz davor, mich in Gänze zu zeigen, wenn ich mit jemandem etwas länger und näher zu tun hatte. Ich muss mich selbst immer wieder an diese Grenze erinnern und daran, dass ich niemandem etwas schulde. Mittlerweile gibt es mehrere Männer, die mir Geld geboten haben, wenn sie mein Gesicht sehen dürfen. Aber ich rufe mir immer wieder ins Gedächtnis: Das ist mein Kanal, und ich mache die Regeln.

# Videos drehen

Mich beim Masturbieren zu filmen und dabei immer neue Ansätze zu finden, macht mir riesig Spaß. Ein total lustiges Video hab ich auf einem Hochsitz im Wald gemacht. Ich wollte daraus eine ganze Challenge machen, aber irgendwie hat sich kaum einer beteiligt. Macht aber nichts. An dem Video haben sich trotzdem viele erfreut. Draußen zu masturbieren ist schon ein besonderer Kick, aber ich mag die Vorstellung überhaupt nicht, dabei erwischt zu werden. Beim Ficken wär das schon peinlich genug. Aber wenn man es sich selbst macht und ein Handy auf Stativ dabei vor sich stehen hat, ist mir die Vorstellung schon noch ein bisschen unangenehmer. Also kam Tim mit. Er postierte sich in der Nähe und behielt die Umgebung im Blick, während ich auf dem Hochsitz den Dildo ritt. Ich fand das superheiß. Ich fühlte mich sicher, weil Tim zuverlässig aufpasste, und es war gleichzeitig aufregend und ein bisschen verboten.

Eine Stufe weiter ging ich in der Waschanlage. Ich hatte mir vorher ein paar Waschanlagen angesehen und geschaut, in welcher ich wirklich ungestört wäre. Dann suchte ich mir Klamotten zusammen, die ich leicht zur Seite schieben konnte und die beim Gang in die Tankstelle nicht auffallen würden. Ich wählte einen schwarzen Rock, schwarze halterlose Strümpfe, ein transparentes Shirt und eine grobe Strickjacke, die geschlossen absolut unscheinbar war. Als ich mich auf den Weg machte, war ich dennoch ganz schön aufgeregt. Ich trug Liebeskugeln. Die stimulieren und massieren innerlich schon während des Laufens, sodass ich sichergehen konnte, dass ich gut feucht war und in der Waschanlage direkt loslegen konnte. Ich kaufte das Ticket und fuhr rein. Drinnen angekommen, postierte ich schnell mein Handy und zog meinen Rock hoch. Ich hatte den Ablauf vorher ein paarmal ausprobiert, schließlich blieben mir nur wenige Minuten, und alles musste sitzen. Als die Walzen anfingen, mit sanften Schlägen gegen die Fenster zu patschen, fing ich an, mich im Takt zu fingern, und wechselte schon mal auf den Glasdildo. Als die Waschanlage von Walzen auf Gebläse wechselte, erhöhte auch ich meinen Takt. Als das Gebläse schließlich noch die Motorhaube trockenpustete, war auch ich am Ende meines kleinen Countdowns angekommen. In Windeseile packte ich das Equipment in meine Tasche und zog meine Klamotten wieder ordentlich zurecht. Niemand würde was merken, alles war unauffällig. Als ich aus der Waschanlage rausfuhr, bekam ich jedoch einen Schreck: Da stand ein Polizeiauto. Kurz dachte ich, jemand hätte mich beobachtet und sich über mich und mein Verhalten beschwert. Aber wie hätte das denn jemand mitbekommen sollen hinter all den Walzen und dem Gebläse? Ich fuhr weiter. Im Augenwinkel sah ich eine Freundin von mir, die mit dem

Polizisten im Gespräch war und daneben ihr verbeultes Auto. Es hatte also wirklich nichts mit mir zu tun gehabt. Ich parkte in der Nähe und ging zu ihr rüber, um zu fragen, ob ich helfen konnte. Ja, konnte ich. Ihre Kinder saßen auf der Rückbank und quengelten, und ich nahm sie mit zu uns nach Hause. Meine Kinder freuten sich, dass Kumpels zum Spielen vorbeikamen. Nur Tim schaute etwas skeptisch. „Wolltest du nicht in die Waschanlage fahren? Für dein Video?“ Wenn der wüsste, wie eng beide Welten manchmal verknüpft sind.

Manchmal geht es fast von selbst, ein Video zu drehen. Und manchmal braucht es ein paar Anläufe. An ein Mal kann ich mich noch gut erinnern. Da hab ich meinen transparenten Dildo mit Saugnapf und einen Vibrator benutzt. Ein wirklich gelungenes, authentisches Video. Allerdings war ich etwas stürmisch aufs Ende zu. Meine Vagina blutete plötzlich wie verrückt. Währenddessen hab ich das gar nicht gemerkt. Aber danach natürlich, und beim Anschauen sah es recht wild aus. Also hab ich das Video nicht veröffentlicht, sondern wollte es neu ausprobieren. Als ich einen zweiten Anlauf gemacht habe, hat mein Nachbar geklingelt und wollte ein Paket abgeben, das der Paketdienst bei ihm abgestellt hatte. Ich musste mir in Windeseile was überziehen und bin zur Tür gerannt. Die Stimmung war dann irgendwie dahin. Und beim dritten Anlauf war die Batterie des Vibrators plötzlich am Ende, und ich musste ihn erst wieder aufladen. Aufgeben wollte und konnte ich aber auch nicht, und das Video ist tatsächlich am Ende richtig gut geworden. Kameraeinstellung, Licht und so weiter hatte ich mittlerweile schließlich oft genug geübt.

Wenn es noch mal nicht geklappt hätte, hätte ich allerdings vermutlich keine Lust mehr gehabt.

Ich hab es mir in den letzten Jahren an den verschiedensten Orten, mit den verschiedensten Klamotten und unterschiedlichsten Techniken selbst gemacht. Ich hätte mir garantiert nie einen Sybian, das ist eine Art Fickmaschine, ausgeliehen, wenn ich die Leihgebühr nicht über den Verkauf eines Videos davon, wie ich ihn benutze, reingeholt hätte. Ich hab es mir in der Dusche, in der Badewanne, auf der Couch, in der freien Natur und einmal sogar während des Fahrradfahrens selbst gemacht und mich dabei gefilmt. Da war schon einiges Abgefahrenes dabei. Auf dem Fahrrad war das so crazy. Ich bin extra tief in den Wald über Feldwege gefahren, mit einem Saugnapfdildo auf dem Sattel. Sehr lustig. Nicht zu vergessen auch das Mal, als ich mir im Hochsommer längliche Eiswürfel gemacht und sie als Dildo benutzt habe. Das war unfassbar aufregend. Dieser Wechsel zwischen warm und kalt. Ohne das Video hätte ich sicher eine bequemere Art gewählt, es mir selbst zu machen. Ich hab mich für das Video etwas über meine Lust gepusht, und dann hat es mir so unendlich viel Spaß gemacht, dass es mir noch immer kribbelig wird, wenn ich an diese intensive Stimulation denke. Es hat durchs ganze Bett gespritzt. Sehr erfrischend und wild. Meine Follower haben dieses erste Mal direkt miterlebt. Wir hatten gemeinsam ein wirklich besonderes Erlebnis.

Und dann sind da ja auch noch Analvideos. Ich habe viel Spaß an Analsex, und nicht selten mach ich es mir auch anal selbst. Das hat mich am Anfang etwas Überwindung gekostet, aber mittlerweile ist das einfach ein extrem umfassendes Vergnügen für mich. Bei Videos, in denen ich es mir anal selbst mache, gibt es natürlich ein paar große Herausforderungen. Anal fühl sich eine Zeitlang gut an, aber keine halbe Stunde. Deshalb kann ich beim Video nicht ewig viel schneiden, sondern muss versuchen, dass es gleich auf den ersten Rutsch gut aussieht. Denn je länger es dauert, umso größer ist die Gefahr, dass im Video dann braune Schlieren zu sehen sind. Das find ich eklig. Wenn die Kamera in Nahaufnahme ist, dann achte ich da besonders drauf. Denn Analsex schön und gut, aber aus Pornos sind wir es einfach gewohnt, dass alles sauber bleibt. Dazu kommt, dass es von der Kameraposition her nicht so einfach zu filmen ist. Normalerweise seh ich mich bei meinen Videos in der Kamera die ganze Zeit selbst und kann überprüfen, wie es aussieht. Bei anal geht das schlecht. Wenn ich die Kamera vor mir postiert habe, dann muss ich mich, damit man alles gut erkennen kann, weit zurücklehnen. Dann aber kommt leicht mein Gesicht in den sichtbaren Bereich. Oder ich filme es von hinten. Dann aber kann ich überhaupt nichts mehr überprüfen und muss einfach drauf vertrauen, dass die Kamera nicht umfällt und alles scharf ist. Ich kann ja erst wieder richtig gucken, wenn ich fertig bin.

Besonders schön, aber auch besonders aufwendig und mit einem gewissen Extrakick, sind erotische Filme zu zweit. Jan und ich haben da ein paar zusammen gedreht. Das ist gar nicht so einfach, wie es oft aussieht, weil es so viel gleichzeitig zu beachten gibt: der Winkel, das Licht, die Schärfe, der Fokus. Und dann natürlich auch die Handlung:

Damit es authentisch ist, müssen wir gedanklich beieinander sein. Doch ein bisschen geht es ja auch um den Blickwinkel durch die Kamera. Wir hatten ein paar Anläufe, und es macht Spaß, aber ist auch herausfordernd. Viele meiner Follower hatten lange nach einem Sexvideo gefragt und als ich es dann hatte, fand ich es selbst irgendwie ein bisschen lahm. Das ist ja oft so, wenn man einen Sexfilm von sich selbst sieht. Während man es macht, ist es irgendwie geiler. Trotzdem ist es natürlich ein Einblick, den viele Leute lieben. Von den Einnahmen aus dem Verkauf des Videos haben wir uns eine neue Lokation angemietet. Da drehen wir den nächsten Film. Bei diesen Amateur-Sexvideos ist die Schlüssellochperspektive besonders schön. Der Zuschauer ist gar nicht eingebunden, sondern unbeteiligter Betrachter.

# Wichsanleitungen

Wichsanleitungen sind quasi das Gegenteil von der Schlüssellochperspektive. Aus meiner Erfahrung sind sie auch der Markt, der online noch am wenigsten bedient wird. Ist auch schwierig. Ich hatte mir am Anfang überhaupt nicht vorstellen können, was jemandem daran gefällt. Aber mittlerweile kann ich es total gut nachvollziehen. Bei einer Wichsanleitung erkläre ich dem Mann genau – wie der Name schon sagt –, wie er wichsen soll. Ich sage ihm, wie fest er seinen Schwanz anfassen und in welchem Takt er seine Hand bewegen soll. Manchmal mach ich das als Audio, aber damit es für ihn noch entspannter ist, dreh ich auch Videos, in denen ich ihm am Dildo zeige, was er tun soll. Ich benutze dazu verschiedene Massagegriffe. Ich beschreibe sie und führe sie vor. Die Männer müssen dabei nicht nachdenken, nicht überlegen, was sie jetzt mögen würden, sondern sie müssen einfach nur abschalten und genau tun, was ich ihnen auftrage. Manchmal reite ich den Dildo, und der Mann kann sich vorstellen, dass ich gerade seinen Schwanz reite, während er ihn im gleichen Tempo wichst. Ich gebe dabei den Rhythmus vor, ich zähle immer wieder, und am Ende ist es das Ziel, dass der Mann zu meinem Countdown abspritzt. Viele Männer mögen es tatsächlich, sich völlig entspannen zu können und das Gefühl zu haben, ich würde mich richtig um sie kümmern. Sie geben die aktive Rolle ab, und es entsteht eine Art Interaktion zwischen uns. Ich liebe das. Ich fühle mich dominant, ohne jemanden zu verletzen. Ich hab das Gefühl, damit total ich selbst zu sein. Aber auch das Gegenteil macht mir Spaß: Ich gebe gerne die Zügel aus der Hand.

# Nah und fern: Camsex

**B**eim Camsex können Männer live meinen Vibrator steuern. Das ist lustig und interaktiv. Näher aneinander zu sein, ohne sich zu treffen, geht fast nicht. Es ist wirklich intim. Wir sehen und hören uns über die Kamera, und er kann bestimmen, wie intensiv mein Vibrator grade läuft. Das biete ich echt selten an, weil mich das schon sehr fordert. Ich bewundere es ja schon, wie sich Prostituierte auf mehrere Kunden hintereinander einstellen können. Ich tu mich da hart. Es gibt Männer, mit denen genieße ich das tatsächlich sehr. Natürlich hab ich Lieblingskunden. Bei anderen ist es neutral, und ich genieße einfach, wie es ihnen gefällt. Bei anderen will ich es lieber kein zweites Mal. Da bin ich dann auch ganz ehrlich. Auch hier gilt: Es soll mir ja Spaß machen. Dafür hab ich den Kanal und nicht, um damit Geld zu verdienen.

Wieder schaute mich Sina kritisch an: „Wenn du damit mittlerweile ja durchaus Kohle machst, gewöhnt man sich da nicht dran? Bist du nicht doch irgendwie abhängig davon?“

Ich musste nachdenken. Ja. Vermutlich schon. Vielleicht hatte Sina da recht. Wobei … Ist das nicht mit jedem Job so? Natürlich rechnet man in gewisser Weise mit dem Geld, und natürlich wäre ich traurig und geschockt, wenn meine Bezahlkanäle plötzlich wegbrechen würden. Wegen des Geldes, aber natürlich auch wegen der vielen positiven Rückmeldungen, die ja dann ebenfalls wegfielen. Ich muss mich besser darauf vorbereiten, dass das natürlich eines Tages passieren kann: dass mir nichts mehr einfällt, ich keine Lust mehr habe oder die Leute mich nicht mehr sehen wollen. Vielleicht mach ich es aber auch noch 20 Jahre und werde Deutschlands heißeste Poly-Omi. Eins hat mich meine Karriere hier gelehrt: Es lässt sich eh nicht planen.

# Zwei Leben

„Hast du eigentlich nicht trotzdem Angst, dass dich jemand erkennt?“, fragte Sina.

Irgendwie nicht. Auch da bin ich etwas abgestumpft. Klar könnte es sein, aber mit dem Risiko leb ich jetzt einfach. Wenn es hart auf hart kommt, werde ich offen damit umgehen. Ich muss mich nicht schämen für das, was ich tue. Ich verdiene damit gutes Geld, ich bezahle Steuern, und ich tue nichts Illegales. Ich seh mich und meinen Job irgendwo zwischen Schauspielerin und Dienstleisterin und kann nicht erkennen, was daran falsch sein soll. Was mich davon abhält, mich zu outen, ist natürlich meine Familie. Ich möchte nicht, dass meine Kinder in der Schule oder auf der Straße damit konfrontiert werden. Weder mit der Sexarbeit noch mit der Polyamorie.

„Kriegen die Kinder davon wirklich gar nichts mit?“, fragte Sina.

Nein. Wie sollten sie auch? Das kommt in ihrer Lebenswirklichkeit ja gar nicht vor. Wenn wir uns mit Menschen treffen, in einen Club gehen oder sonst wo hin, dann sagen wir, wir gehen zu Freunden oder in die Disko. Was wir da machen, geht die Kinder nichts an. Neulich war ich mit den Kindern und meinen Eltern unterwegs, und wir haben Jan getroffen. Da sage ich Hallo und stell ihn als „Freund" vor. Ende der Debatte. Ich muss da kein Geheimnis draus machen, aber auch nicht wild rumknutschen. Kinder müssen nicht alle Details zu unseren Freundschaften wissen, und sie müssen vor allem nicht wissen, wie wir unsere Sexualität ausleben. Ich würde den Kindern auch ohne offene Beziehung nicht erzählen, wie oft und in welchen Stellungen Tim und ich Sex haben. Das geht sie nichts an. Ich lüge die Kinder ungern an, aber neulich hab ich es tatsächlich mal getan, als meine Tochter fragte, ob ich schon mal mit jemand anderem als Papa Sex hatte und wie lange das her sei. Da hab ich gesagt, dass ich schon mit verschiedenen Menschen Sex hatte, ja. Aber das sei so lange her, dass ich mich nicht erinnern könne, wann genau das war. Die Wahrheit wäre aber gewesen: vorgestern. Alle anderen Fragen hab ich ihr beantwortet. Aber ich glaube, solange wir den Alltag nicht polyamor leben, würden sie die Informationen überfordern.

# Sex in der Erziehung

Wir reden in unserer Familie offen über Sex. Unsere Kinder stellen Fragen, und ich antworte nach bestem Wissen und Gewissen. Es sind Fragen, die den Körper betreffen, aber auch Fragen rund um Fotos und Videos. Meine zehnjährige Tochter hat neulich, als sie sich von hinten an mich rangeschlichen hat, gesehen, dass ich ein Nacktbild von mir bearbeite. Sie hat mich drauf angesprochen, und ich sagte ihr, dass ich mich gerne selbst fotografiere und dass Papa sich das gerne anschaut. Zwischen Erwachsenen sei das manchmal eben so. Die Erklärung ist für sie schlüssig. „Erwachsene sind eh manchmal komisch“, so ihre Zusammenfassung. Und dann rückte sie noch mit einem Thema raus, das ihr auf der Seele brannte. Sie und ihre Freundinnen hätten neulich auf dem Handy einer ihrer großen Brüder etwas entdeckt, das sie nicht verstanden. Da waren zwei Menschen nackt und hätten gestöhnt. „Sieht so Sex aus?“ Ich war echt überrascht. Ich wusste natürlich, dass Kinder und Jugendliche heute durch den Zugang zum Internet viel früher als wir damals mit Pornografie in Berührung kommen, aber wenn es dann tatsächlich der Fall ist, trifft es einen als Elternteil schon. Zum Glück ist unser Verhältnis so gut, dass sie das jederzeit mit mir bespricht. Ich hab ihr also erklärt, dass das ist wie bei jedem anderen Film auch: Es ist eine Geschichte. „Grundsätzlich kann Sex so aussehen, ja. Aber die meisten Pornos sind genauso sehr Sex, wie eine Gangster-Verfolgungsjagd mit quietschenden Reifen im Fernsehen eine echte Autofahrt ist. So ein Film wird nicht gemacht, um Menschen zu zeigen, wie Sex geht, schon gar nicht Jugendlichen. Pornos sind Spielfilme für Erwachsene: Fantasie. Sie sind anregend, aber sie sind keine Anleitung. Man braucht sich damit weder vergleichen noch es sich zum Vorbild nehmen. Es ist keine Dokumentation, wie du sie von Tierfilmen kennst." Damit konnte sie etwas anfangen. Sie räumte ein, dass sie den Film überhaupt nicht mochte und gar nicht hinsehen wollte. Sie fand es nur eklig. Und wenn sich das irgendwann ändert, dann kommt sie sicher wieder zu mir und fragt mich um Rat.

„Hoffentlich nicht", sagte Sina. In einer idealen Welt hätten Kinder und Jugendliche keinen Zugang zu Pornos.

Ja. Wünschenswert wäre das. Aber wir leben nicht in einer idealen Welt. Ich habe die Geräte meiner Kinder so gut es geht geschützt. Und trotzdem kommen sie mit diesen Inhalten in Berührung. Was unsere Generation Eltern also noch lernen muss, ist einen guten Umgang damit zu finden, ihre Kinder aufzuklären und sie sicher durch das Internet zu begleiten. Mir scheint, als fehlten den meisten von uns die Worte. Wir hören nur Porno und sind entsetzt. Dabei ist das, was wir beitragen können, um unsere Kinder aufzuklären, ihnen Worte zu geben für das, was passiert, sie stark zu machen. Dazu gehört es, dass wir uns selbst auch offen und ehrlich und realistisch mit dem Thema Porno auseinandersetzen und sein schmutziges Image hinterfragen. Nur so können wir auch mal über Produktionsbedingungen sprechen. Darüber, wie Pornos fair und ethisch korrekt produziert werden können, mit Darstellern, die ordentlich bezahlt werden und ein Mitspracherecht haben.

# Pornos und der Bildungsanspruch

Pornos dienen der Unterhaltung von Erwachsenen, sie sind ein Ort, um Fantasien auszuleben. Einen höheren Anspruch sollten wir an sie nicht haben. Kein Mensch würde denken, dass man nach einem Filmemarathon mit Fightclub und Rocky plötzlich kämpfen kann. Bei Pornos ist das ähnlich. Wobei: Ein paar Anregungen lassen sich schon holen. Ich habe in Pornos schon verschiedene Blastechniken gesehen, und auch was Stellungen angeht, gab es schon guten Input. Man darf es eben nicht als Unterrichtsstunde wahrnehmen, sondern als kleinen Ideengeber. So wie uns damals der Swingerclub-Porno den letzten Anstoß gegeben hat, um tatsächlich in den Club zu gehen.

Sina guckte kritisch. „Na, ich bin gespannt, ob du in 10 Jahren, wenn deine Kinder ihren ersten Porno drehen, auch noch so entspannt drüber redest.“ Und auch wenn es inkonsequent ist, muss ich natürlich einräumen, dass ich das nicht ideal fände. Aber Dinge, die uns herausfordern, lassen uns ja bekanntlich wachsen.

# Wo willst du denn noch hin?

„Wo willst du noch hin?“, fragte Sina. „Was ist dein Ziel? Denn eigentlich hast du ja erreicht, was du wolltest: ein tolles Business, ein ausschweifendes Sexleben und alles unter einem Hut.“ Sie schaute mich fragend an.

„Schön, dass es so wirkt, als wäre ich angekommen“, sagte ich. „Aber das ist nicht so.“ Ja, ich bin froh und dankbar über diese Entwicklung und durchaus auch stolz. Ganz allein und aus mir heraus habe ich meine eigenen Unsicherheiten überwunden, ich habe gelernt, Nein zu sagen und meine Bedürfnisse zu formulieren und dafür einzustehen. Ich habe Resilienz gelernt und meinen Horizont erweitert. Ich bin unabhängig geworden: emotional und finanziell. Und ich habe die wichtigste Beziehung, die ich im Leben jemals hatte, endlich wichtig genommen: die zu mir selbst. Ich habe erfahren, wie es sich anfühlt, offen Hass ausgesetzt zu sein, und erlebt, was Engstirnigkeit bewirken kann. Ich weiß heute, dass nichts auf der Welt nur gut ist, sondern dass zur Entwicklung immer ein ganzes

Bündel von Gefühlen dazugehören. Diese Gefühle auszuhalten ist nicht immer leicht. Dinge, von denen ich glaubte zu wissen, wie sie sind, habe ich völlig neu kennengelernt. Ich weiß heute, dass es überraschend viele Arten und Wege gibt, gut und glücklich zu leben und zu lieben. Und keine ist besser als die andere. Ich habe gespürt und erfahren, wie sehr es sich lohnt, Sex wichtig zu nehmen, und kann andere Menschen nur dazu ermutigen, offen mit ihren Bedürfnissen umzugehen. Zu lernen, sie zu formulieren und auszuleben. Ich bin noch längst nicht am Ende meiner Entdeckungsreise angelangt. Ich probiere mich weiter aus und entdecke immer weitere Möglichkeiten, mich und meine Online-Profile weiterzuentwickeln. Und es gibt noch so viele Gefühle zu fühlen. Auch noch so ein, zwei Praktiken, die ich gerne probieren würde, aber das ist nichts Lebensveränderndes. Nur das: Ich wünsche mir gesellschaftlich mehr Normalität für unsere Art der Beziehung, dass wir alle offen mit unserer Liebe umgehen können, egal wie sie auch aussehen mag.

Ich hätte gerne mal alle Menschen, die mir wichtig sind, an einem Fleck: unsere Eltern, unsere Kinder, Tim, dich, Jan, Eva und wer sonst noch zu meinem Leben gehört, an einem Ort und so, dass alle wissen, womit ich mein Geld verdiene und ich es nicht verstecken muss. Am liebsten an dem Tag, an dem ich mein Buch über meine sexuelle Revolution veröffentliche. Das fände ich schön.